Daisendorf
Baitenhausen
Mesmerstraße
Daisendorfer Straße
lshoff-Weg
Stettener Straße
Mesmerstraße
Kirchstr.
Steigstraße
Höllgasse
B 33
Stefan-Lochner-Straße
Unterstadtstraße
Seepromenade
Ufer-prome
Haltnau
Meersburg
1 Alte Burg
2 Neues Schloß
3 Rathaus
4 Staatsweingut
5 ehem. Priesterseminar
6 Pfarrkirche
7 Fürstenhäusle/ Droste-Museum
8 Friedhof
9 Ödenstein
10 Glaserhäusle
11 Wasserfall

Irene Ferchl

Annette von Droste-Hülshoff am Bodensee

Annette von Droste-Hülshoff
am Bodensee

„Die zweite Hälfte meiner Heimat..."

Ein literarischer Reiseführer

von Irene Ferchl
bei Klöpfer & Meyer

Mein Dank gebührt Harriet Glan, ohne deren liebevolle Aufnahme und immerwährenden Beistand dieses Buch nie realisiert worden wäre. Für die Neuausgabe hat sie Korrekturen angebracht und wertvolle Informationen geliefert, vor allem aber ist das „Haus Glan“ in Meersburg für mich in den vergangenen zehn Jahren zu einer zweiten Heimat geworden.

4. „Meersburg hat wirklich etwas Zauberhaftes“

5. „Mein Thurm ist köstlich, d.h. meinem Geschmacke nach – einsam, graulich“

6. „Wie ich so droben die ganze Gegend controlliren kann“

7. „In der Gegend umher galoppiren, um die schöne Landschaft recht mit Löffeln einzunehmen“

„Solche Plätze sind eben nur, was man selbst hinein legt."

Annette von Droste-Hülshoff, 1844

„Sie ist uns lieb, die Droste. Und wir wollten gern mitfeiern helfen bei der Droste-Tagung. Aber es wächst dieses Jahr ein schlechter Wein in Meersburg.
Viel Trauben, aber recht sauer ist das Gewächs."

Harriet Straub, 1930

„Was in den Büchern steht, entspricht nicht der Realität."

Friederike Mayröcker, 1997

Annette von Droste-Hülshoff am Bodensee

Die „zweite Hälfte meiner Heimat" nannte Annette von Droste-Hülshoff Meersburg und charakterisierte das Städtchen als „so angenehm, als seine Kleinheit dies irgend gestattet". Sie konnte dort einerseits gesellschaftlichen Umgang pflegen und – in Maßen – Kultur genießen, andererseits fühlte sie sich unbeobachtet und hatte weitgehend ihre Ruhe vor den Ansprüchen der weitläufigen Verwandtschaft und ihres adligen Bekanntenkreises.
In ihrem ersten Meersburger Winter erlebte die Droste sogar eine Zeit privaten Glücks, als sie mit Levin Schücking die Landschaft durchstreifte und um die Wette dichtete; ein großer Teil ihrer besten Dichtungen ist hier entstanden.

Die Droste, wiewohl sie sich als Westfälin, ja als „Stockmünsterländerin" bezeichnete, hat den Bodensee gemocht, zwar nicht sofort, aber dann um so mehr. Das Klima tat ihrer labilen Gesundheit wohl, sie genoß die Aussichten über den See und auf das Alpenpanorama, die Lieblichkeit der Gegend wie die dramatischen Stimmungen. Viele Schriftsteller vor und nach ihr hat das Idyllische dieses Landstrichs inspiriert oder provoziert, doch wenigen sind zu diesem Sujet Texte von solcher Kraft und Gültigkeit gelungen; poetische Schilderungen, die zugleich Seelenzustände wiedergeben, Ängste und Sehnsüchte.

Ein Reiseführer, der den Spuren der Droste am Bodensee folgt, tut gut daran, die dort entstandenen Gedichte zu zitieren, und neben die Lyrik auch aussagekräftige Briefzitate zu stellen – wir drucken sie in der ursprünglichen Schreibweise. Gerade die Briefe teilen das Gesehene und Erlebte unmittelbarer mit, fast im Plauderton, spontan und ungezwungen fabuliert und doch gestaltet; zeigen, wie die Droste von Naturschönheiten schwärmen, mit psychologischem Scharfsinn die Menschen ihrer Umgebung zeichnen konnte und nicht mit „Witzesfunken“ geizte. Ihre Sicht der Dinge eröffnet ungewohnte, reizvolle Perspektiven auf Orte und Räume, die sich seit anderthalb Jahrhunderten vergleichsweise wenig verändert haben.
Eine Korrespondenz zwischen Damals und Heute geschieht manchmal in Momenten, in denen man dies nicht vermutet: wenn eine flüchtige Wahrnehmung klarer als jeder Kommentar eine Gedichtzeile erschließt, wenn ein Text den Blick auf die Wirklichkeit schärft.

Vielleicht gibt es so etwas wie die Aura einer Person an einem Ort – jedenfalls kann man der Droste in Meersburg immer begegnen, selbst an einem strahlenden Sommertag, wenn die Stadt vor Touristen schier überquillt. So ging es mir vor vielen Jahren, und diesem ersten folgten Aufenthalte zu allen Jahreszeiten, Spaziergänge bei jedem Wetter und in jeder erdenklichen Gemütslage, heiteres Flanieren durch die Gärten und Weinberge bei Tage, wenn der klare See mit seinen weißen Segeln heraufleuchtet, nächtliches Durchstreifen der vom Vollmond überglänzten oder in Nebel gehüllten alten Straßen.
Eine fast unübersehbare Menge von Gedichten und biographischen Romanen hat dieses Ambiente hervorgebracht, Annäherungen an die Dichterin und die romantischen Schauplätze, von denen einige Beispiele hier abgedruckt sind: Dokumente, wie auf den Spuren der Dichter wiederum Literatur entstehen kann.

Die Bodenseeregion ist freilich so voller Kultur, daß ein Reiseführer sie niemals ausloten kann, aber vielleicht genügen ja schon die knappen Hinweise, um zu eigenen Entdeckungen der Landschaft und Literatur anzuregen.

Schriftsteller haben zwei Länder, behauptete Gertrude Stein: eines, wohin sie gehören und eines, in dem sie wirklich leben, um darin frei zu sein. Auf wen träfe diese Aussage genauer zu als auf die Droste, von deren Leben und Werk die zwei Generationen jüngere amerikanische Dichterin sicherlich gar keine Kenntnis hatte.
Annette von Droste-Hülshoff war in Westfalen verwurzelt, dorthin gehörte sie, dort lagen ihre Themen. Freier – soweit es ihre Verhältnisse überhaupt zuließen – war sie am Bodensee, in Meersburg, das die „zweite Hälfte“ ihrer Heimat wurde. Subtil, aber nicht zu übersehen, offenbart diese Formulierung ihre Gespaltenheit, die immerwährende Sehnsucht in die Ferne, an den jeweils anderen Ort.
In einem Brief vom Januar 1845 schrieb die Droste aus Rüschhaus an ihre Schwester Jenny: „Ach Gott wie oft denke ich an die Kinder! und an meinen Thurm! – man darf sich nicht so darin zulassen, aber es ist traurig seine Vorliebe so zwischen zwey Orte getheilt zu haben, die doch nie zusammen rücken können.“

„Ich bin eine Stockmünsterländerinn und finde den münsterischen Mond gelber als den schweizer“

Annette von Droste-Hülshoff – Chronik ihres Lebens

1.

Am 12. Januar kommt Anna Elisabeth Freiin von Droste zu Hülshoff als zweites Kind von Clemens August Freiherr von Droste zu Hülshoff und Therese geborene von Haxthausen auf Schloß Hülshoff bei Münster zur Welt. Das kaum lebensfähige Siebenmonatskind wird von der Amme Catharina Plettendorf aufgezogen. Die Droste nimmt diese später ins Rüschhaus auf und pflegt sie bis zu deren Tod 1845. 1797

Die Geschwister sind: Jenny (Maria Anna), geboren 1795, Werner Constantin, geboren 1798 und Ferdinand, geboren 1802.

Ihr Vater soll an der Wiege hellsichtig zur Mutter gesagt haben: „Es ist ein Vögelchen mit wundersamem Gefieder, das doch sein Leben lang im silbernen Käfig wird hausen müssen, bis die Übermacht der Lieder und seiner Sehnsucht ihm die Brust zersprengt. Es wird länger leben, unser Vögelchen im Käfig, als du und ich und alle, die zu dieser Stunde auf der Burg atmen.“

Annette schreibt ihr erstes Gedicht „Kom liebes Hähnchen kom heran…“ und wird in der Familie als zweite Sappho bezeichnet. 1804

1809 Bitte um Beiträge für ein poetisches Tagebuch, doch die 12jährige darf wohl wegen familiärer Bedenken das Angebot nicht annehmen. Nähere Beschäftigung mit den Werken von Goethe und Schiller (dessen Lektüre die Mutter später verbietet).

1810 Annettes schauspielerische Leistung fällt in einer Theateraufführung auf. Man untersagt ihr weitere Auftritte wegen der Gefahr einer Nervenreizung.

1812 Sie wirft sich „mit aller Heftigkeit ihres Charakters auf's Componieren". Erster Besuch bei dem Universitätsprofessor Anton Mathias Sprickmann, der ihr literarischer Mentor wird.

1813 Erster Besuch von Catharina Busch, später verheiratete Schücking, in Hülshoff. Sie wird das Dichteridol der jungen Droste.
Bekanntschaft mit Wilhelm Grimm, der die Geschwister zum Sammeln von Märchen und Volksliedern anregt und sich über Annettes Brillierenwollen und „Vordringlichkeit" beklagt – sie ist offenbar nicht so sanft und still, wie es sich für junge Damen ihres Standes schickt.
Es entsteht als ihre erste größere literarische Unternehmung das Trauerspiel „Bertha oder die Alpen". Darin thematisiert sie weibliches / männliches Rollenverhalten: „Zu männlich ist dein Geist, strebt viel zu hoch / Hinauf, wo dir kein Weiberauge folgt".

1816 Es entsteht das Gedicht „Unruhe", das ihren Gemütszustand spiegelt („Fesseln will man uns am eignen Herde! / Unsre Sehnsucht nennt man Wahn und Traum").

1818 In Bökendorf Bekanntschaft mit dem bürgerlichen Juristen Heinrich Straube, in Kassel Begegnung mit den Gebrüdern Grimm und in deren Haus mit Amalie Hassenpflug. Erst zwanzig Jahre später kommt es zur engen Freundschaft zwischen der Droste und ihr, die

Annette von Droste-Hülshoff als junges Mädchen auf einem Gemälde von C.H.N. Oppermann.

ihre letzten Lebensjahre auf der Meersburg verbringt und neben der Droste begraben liegt.
Es entsteht das Epos „Walther“.

Geistliche Lieder und Beginn des „Geistlichen Jahrs“. 1819
In einem langen Brief an Sprickmann schreibt sie über den „unglückseligen Hang zu allen Orten, wo ich nicht bin“ und ihren „Plagedämon“, der „Sehnsucht in die Ferne“ heiße: „Meine Lieblingsgegenden sind, Spanien, Italien, China, Amerika, Afrika da hingegen die Schweiz und Otaheite, diese Paradiese, auf mich wenig Eindruck machen, warum? das weiß ich nicht, ich habe doch davon viel gelesen und viel erzählen hören, aber sie wohnen nun mahl nicht so lebendig in mir“.

Im Juli kommt August von Arnswald nach Bökendorf, 1820
der nach Absprache mit der Haxthausen-Verwandtschaft die Liebe der Droste zu Heinrich Straube auf die Probe

stellen soll. Die Droste entwickelt starke, wenn auch ganz unterschiedliche Gefühle, die sie rückblickend so formuliert: „Straubes Liebe verstand ich lange nicht, und dann rührte sie mich unbeschreiblich, und ich hatte ihn wieder so lieb, daß ich ihn hätte aufessen mögen. Aber wenn Arnswaldt mich nur berührte, so fuhr ich zusammen." Eine Intrige macht das Ganze öffentlich, die beiden jungen Männer ziehen sich zurück, und die Droste wird von der Familie zur Buße für ihre angebliche Schuld genötigt. Sie leidet sehr unter dieser Bloßstellung.

1826 Im Juli plötzlicher Tod des Vaters, den die Droste als gütig und weltfremd geliebt hatte. Therese, Jenny und Annette von Droste-Hülshoff verzichten zugunsten Werners auf ihr Erbteil und begnügen sich mit einer Abfindung. Die Droste erhält eine Leibrente von jährlich 200 Reichstalern, dazu Zinsen aus ihrem Kapitalvermögen, die nochmal 100 Taler im Jahr ergeben; 100 Taler zahlt sie an ihre Mutter als Kostgeld für sich und ihre Amme.

Im September Umzug in den Witwensitz Rüschhaus. Ihr Wohn- und Arbeitszimmer im ersten Stock mit dem schwarzen Kanapee nennt sie ihr „Schneckenhäuschen".

Schloß Hülshoff

Rüschhaus

Erste Arbeitsphase an dem Epos „Hospiz auf dem Großen St. Bernhard", wofür sie bei Bekannten und später bei Laßberg über Landschaft, Flora, Fauna, Sitten, Klosterleben etc. recherchiert. 1827

In Bonn Bekanntschaft mit Adele Schopenhauer, der Schriftstellerin und Schwester des Philosophen. 1828

Tod des Bruders Ferdinand. Lebensbedrohende Erkrankung der Droste, seither in homöopathischer Behandlung bei Clemens Maria von Bönninghausen. 1829
Entwurf der „Judenbuche".

Pläne zu einer Reise durch Frankreich und Italien mit Werner von Haxthausen. Mehrere Familienmitglieder reisen und besuchen bei dieser Gelegenheit in Eppishausen Joseph von Laßberg. Verschlechterung der Gesundheit. Aufenthalt in Bonn und Umgang mit Sibylle Mertens-Schaaffhausen und Adele Schopenhauer. 1830

Der Plan zu einer Reise in die Schweiz scheitert am Verbot der Mutter; hingegen fährt Jenny den aus Italien zurückkehrenden Familienmitgliedern bis Konstanz entgegen und besucht Eppishausen. Bei einem Ausflug auf den Rigi erklärt ihr Joseph von Laßberg seine Liebe. 1831
Im Juni wird der 16jährige Gymnasiast Levin Schücking von der Droste ins Rüschhaus eingeladen. Nach dem Tod seiner Mutter, Catharina Schücking geborene Busch, im November fühlt sie die Verpflichtung, sich um ihn zu kümmern, und bemüht sich um Anstellungen für ihn.

Ihre Schwester Jenny heiratet den Freiherrn Joseph von Laßberg und zieht mit ihm ins Schloß Eppishausen im schweizerischen Thurgau. 1834
Freundschaft mit dem blinden Philosophieprofessor Christoph Bernhard Schlüter in Münster.
Reise in die Niederlande.

Jenny von Laßberg, geborene von Droste-Hülshoff

1835 Vom 11. August an weilt die Droste zu Besuch bei Schwester Jenny und Schwager Joseph von Laßberg in Eppishausen. Abschriften mittelalterlicher Werke und Bearbeitung des „Lochamer Liederbuchs".
Ausflüge nach Schloß Berg und ins Appenzeller Land.

1836 Am 5. März 1836 Geburt der Zwillinge Hildegard und Hildegunde Laßberg.
Am 29. Oktober Abreise von Eppishausen über Heidelberg und Mainz nach Bonn.

1837 Beginn der Zusammenarbeit mit Levin Schücking. Gründung der von der Droste so genannten „Heckenschriftsteller-Gesellschaft" im Haus der Freundin Elise Rüdiger, mit deren Tante Henriette von Hohenhausen, Luise von Bornstedt, Wilhelm Junkmann und anderen.

1838 Durch Vermittlung Schlüters erscheint – aus Familienrücksichten anonym – in der Aschendorff'schen Buchhandlung in Münster der erste Gedichtband: *Gedichte von Annette Elisabeth v. D.... H....* Die Reaktion der Verwandtschaft ist negativ: Man „erklärt Alles für reinen Plunder, für unverständlich, confus, und begreift nicht, wie eine, scheinbar vernünftige, Person solches Zeug habe schreiben können, nun thun Alle die Mäuler auf,

Johannes Sprick hat die Droste häufig porträtiert. Dieses Gemälde stammt aus dem Jahr 1838.

und begreifen Alle miteinander nicht, wie ich mich habe so blamiren können". In literarischen Kreisen wird der Band weitgehend gelobt und ist dennoch ein Mißerfolg, lediglich 74 Exemplare werden verkauft.
Bekanntschaft mit dem Maler Johannes Sprick, von dem die Droste sich mehrmals porträtieren läßt und den sie so, aber auch direkt finanziell unterstützt.
Jenny und Joseph von Laßberg ziehen im September nach Meersburg.

Levin Schücking beginnt im November seine regel- 1839
mäßigen, teils wöchentlichen Besuche im Rüschhaus.

Mitwirkung an Schückings *Das malerische und romanti-* 1840
sche Westphalen (mit Ferdinand Freiligrath) und der Erzählung „Der Familienschild". Beginn der Arbeit von „Bei uns zu Lande auf dem Lande" und dem Lustspiel

„Perdu!“, einer satirischen Darstellung der „Heckenschriftsteller“.

1841 Im September reist die Droste nach Meersburg, wo Levin Schücking kurz danach seine Arbeit als Bibliothekar bei Laßberg aufnimmt. Infolge einer literarischen Wette entstehen zahlreiche Gedichte (Zeitbilder, Haidebilder, Bodenseegedichte).

1842 Im April verläßt Schücking Meersburg, um in Mondsee eine Hauslehrerstelle anzutreten. Durch seine Vermittlung erscheint *Die Judenbuche* in Fortsetzungen in Cottas „Morgenblatt für gebildete Leser“.
Beginn des literarischen Erfolgs der Droste.
Am 29. Juli Abreise von Meersburg, Station in Schaffhausen, Stockach, Tübingen, Stuttgart (31. Juli), Heidelberg, Weiterfahrt mit der Eisenbahn bis Mannheim, per Schiff weiter bis Mainz und Bonn. Am 14. August Rückkehr ins Rüschhaus.

1843 Schwere Erkrankung, dennoch Fortsetzung der Arbeit an der Gedichtausgabe.
Im September zweite Reise nach Meersburg mit der Mutter und Elise Rüdiger. Die Droste bezieht im Alten Schloß ihre sogenannte „Spiegelei“.
Levin Schücking, inzwischen Redakteur der „Augsburger Allgemeinen“, heiratet Luise von Gall.
Am 17. November ersteigert die Droste das Fürstenhäusle zum Preis von 400 Reichstalern.
Bekanntschaft mit Charlotte Salm-Reifferscheidt.

1844 Im Februar Bekanntschaft mit Philippa Pearsall.
Im Mai Besuch Levin und Louise Schückings in Meersburg.
Ausflüge nach Schloß Hersberg, Konstanz und in die Schweiz nach Schloß Wartensee.
Mitte September erscheinen die *Gedichte von Annette Freiin von Droste-Hülshoff* in der Cotta’schen Verlags-

buchhandlung in Stuttgart zu einem Honorar von 500 Talern bei einer Auflage von 1250 Exemplaren. Der Band wird von der literarischen Welt positiv aufgenommen.
Am 23. September Abreise von Meersburg über Schramberg, Hornberg, Offenburg, von dort mit der Eisenbahn bis Mannheim und per Schiff bis Düsseldorf. Ankunft im Rüschhaus am 26. September.

Eines der wenigen authentischen Bildzeugnisse, die von Annette von Droste-Hülshoff existieren, ist die Daguerreotypie aus dem Jahr 1845 von Friedrich Hundt.

1845

Anfragen verschiedener Zeitungen, Zeitschriften und Herausgeber von Anthologien: Zusagen macht die Droste abhängig von deren politischer Richtung.
Ständige Erkrankung, aber dennoch Krankenpflege bei anderen und Familienbesuche.

1846 Bruch mit Schücking wegen kompromittierender Einzelheiten über den westfälischen Adel in seinem Roman *Die Ritterbürtigen*, für die die Droste verantwortlich gemacht wird, Distanz zudem wegen Schückings politischer Tendenz für „Völkerfreyheit und Preßfreyheit".
Letzter Besuch bei Schlüter, der das „Geistliche Jahr" nach ihrem Tode veröffentlichen soll.
Mitte September trotz schwerer Erkrankung (Ohrleiden, Nervenschwäche und Gehunfähigkeit), aber mit Hoffnung auf Besserung durch den Klimawechsel, Antritt der letzten Reise nach Meersburg. Stationen Bonn, Mainz, Mannheim, Karlsruhe, Freiburg, Stockach.
Schückings *Annette von Droste. Eine Charakteristik* erscheint, sie lehnt die Lektüre des Buches ab.
Die Droste empfängt keine Besucher außer Charlotte Salm-Reifferscheidt und verläßt ihre „Spiegelei" im Alten Schloß selten.

1847 Sie leidet unter anhaltend schlechter Gesundheit, kann nur kleine Spaziergänge unternehmen, kaum schreiben, selbst Briefe nur in Absätzen.

1848 Besorgt werden auf der Meersburg die politischen Unruhen verfolgt.
Am 24. Mai stirbt Annette von Droste-Hülshoff auf der Meersburg und wird am 26. Mai auf dem dortigen Friedhof begraben.

„Wahrlich das Plätzchen ist nicht übel“

Schloß Eppishausen im Thurgau

2.

Durch die Heirat ihrer Schwester Jenny mit dem Freiherrn von Laßberg und ihrem Umzug nach Eppishausen ergab sich für die Droste die Möglichkeit zu einer Reise, die sie weiter als bis ins Paderborner- oder Sauerland, weiter als nach Köln oder Bonn führte.

1819 hatte sie in einem Brief geschrieben, daß die Schweiz und Otaheite [Tahiti], diese Paradiese, auf sie wenig Eindruck machen würden, widerlegte diese Behauptung jedoch oft. Schon in einem Jugendwerk, dem Romanfragment „Ledwina“ heißt es, in der Schweiz seien „die ergreifendsten Naturbilder so gemein wie das tägliche Brod“, und wenig später hat sie sich über ein Jahrzehnt lang mit einem Versepos beschäftigt, das in der gefährlichen Alpenlandschaft Savoyens spielt, „Das Hospiz auf dem großen St. Bernhard“. Angeregt durch Zeitungsberichte und Reiseschilderungen recherchierte sie für dieses Werk die örtlichen Gegebenheiten in der Literatur und bei Personen ihrer Verwandtschaft und des Bekanntenkreises. Die Alpen waren freilich mehr als ein beliebter literarischer Topos, bedeuteten sie doch im ausgehenden 18. Jahrhundert eine exemplarische Erfahrung: im Nebeneinander von Garten und Wildnis, Fruchtbarkeit und ewigem Eis vermittelten die Berge den Menschen das Gefühl der Erhabenheit und zeigten ihnen zugleich die Grenzen ihrer Existenz.

Nachdem zwei geplante Reisen aus politischen und gesundheitlichen Gründen – oder eigentlich am Einspruch der Mutter – gescheitert waren, schien ihr Plagedämon „Sehnsucht in die Ferne“ sie nicht mehr so sehr wie früher zu quälen. Annette von Droste-Hülshoff schrieb noch im Januar 1835 an Christoph Bernhard Schlüter: „Zur Reise in die Schweiz kann ich mich nicht so recht oder vielmehr gar nicht freuen, man hört und liest viel Herrliches davon, aber ich mag fremde Länder nur durchreisend sehn, [...] wäre Jenny nicht dort und gieng Mama nicht mit, dieses gelobte Land möchte, meinetwegen, bey seinem Namensbruder in Asien wohnen – ich muß so vieles zurücklassen, so viel Verwandte, so manche Befreundete, alle meine Gewohnheiten und Beschäftigungen“ und natürlich ihre Sammlungen von Münzen, geschnittenen Steinen und Muscheln.

Dennoch brach Annette von Droste-Hülshoff am 15. Juli 1835 gemeinsam mit ihrer Mutter nach Eppishausen auf. Vermutlich reisten sie zunächst mit dem Wagen und von Bonn dann per Dampfschiff den Rhein hinauf bis Karlsruhe. Am 11. August kamen sie in Eppishausen an, und es folgte ein Sommer mit Spaziergängen und Ausflügen, Zerstreuung und Einsamkeit, „ein wahres geistiges Schlaraffenleben“, wie sie in einem langen, über mehrere Wochen geschriebenen Brief an ihren Freund, den blinden Philosophieprofessor Christoph Bernhard

Schloß Eppishausen gehörte seit 1812 Joseph von Laßberg. Heute ist es ein Altersheim des Bonitas-Dei-Ordens.

Schlüter nach Münster berichtet. Darin schildert sie ungezwungen und frei fabulierend ihre Eindrücke von Landschaft und Menschen so anschaulich, daß man sich wie von ihr an der Hand genommen fühlt und sich gerne in Eppishausen umsieht.

Hätte ich Ihnen früher schreiben können, theuerster meiner Freunde, ich hätte es gethan, – aber grade Ihnen kann ich nicht zu jeder Stunde schreiben, und Sie dürfen Sich immerhin für Etwas halten, wenn ich sage, für Sie ist mir noch keine Stunde passend gewesen, – ich habe mich indessen mit allerley umher geschlagen, viel Ausflüge in die Gegend, viel Besuche aus dem Hause, und viele ins's Haus, – abwechselnd den anmuthigen Gast und die erfreute dienstfertige Wirthin gemacht, aus dem Geräusch in Abspannung, aus der Abspannung wieder in die Zerstreuung, – glauben Sie mir, es gehört was dazu, bis man jedem sein Recht widerfahren lassen, und alles PLAISIR ausgestanden hat, wozu man PRÆDESTINIRT worden, – aber jetzt bin ich, so Gott will, in's Standquartier eingerückt, und wahrlich das Plätzchen ist nicht übel, – namentlich das, was ich in diesen Augenblicke einnehme – wollen Sie es kennen? – es ist das Fenster eines alterthümlichen Gebäudes, am Berge, aber nicht gar hoch, die Kirchthurmspitze des Dorfes drunten könnte uns den Wein aus dem Keller stehlen, wäre sie nicht so christlich erzogen, wer weiß was geschäh – also – das Dorf grade unter dem Fenster, – fast unmittelbar daran stoßend ein Zweytes, dann ein Drittes, Viertes – bis zu einem Siebenten, – Alle so nah, daß ich die Häuser zähle, (Versteht sich, mit der LORGNETTE) und unsre gute alte Burg drinn, wie das kleine Wien in seinen großen Vorstädten, SANS COMPARAISON – mitten durch's Thal eine CHAUSSEÈ, auf der es ärger rappelt und klappert als auf der besten in ganz Westphalen, denn Sie müssen wissen, daß hier halb satt Essen und Ellbogen DÖR DE MAUE bey Weitem nicht so untrügliche Zeichen der Armuth sind als Wasser Trinken und zu Fuß gehn, besser ohne Brod als ohne Most, und das muß ein vom Schicksal Verlassener seyn, für den weder der Himmel ein ROZINANTE, noch der Wagner ein Karriöllchen geschaffen hat, – wer dies nicht kennt, und obendrein kurzsichtig ist wie ich, meint, das ganze Volk bestehe aus reichen Leuten – doch um nicht den Faden zu verlieren – ferner über die CHAUSSEÈ hinaus, die lieblichsten mit Laubholz bewachsenen Gebirge, und – wie's im Liede heist „Auf jedem Gipfel ein Schlößchen, ein Dörfchen aus jeder Schlucht" von diesem Fenster sehe ich Ihrer dreißig – gezählt habe ich sie nicht, und auch jetzt nicht Lust dazu, aber glaubwürdige Leute sagen es – das ist lieblich, das ist schön anzusehn! vor Allem beym Sonnenschein, ja selbst Sturm und Nebel können so viel Leben und Fröhlichkeit nicht zu Grunde richten, – drum bin ich, bey heitrer gesel-

liger Stimmung nirgends lieber als in diesem Zimmer, welches schon an sich selbst so hell und heiter ist, und angefüllt mit den zierlichsten Dingen, Muscheln, Schnitzeleyen in Holz, Elfenbein, geschnittne Steine, Münzen, ET CET, – wenn ich nun sehe, wie die Meinigen so Alles um mich versammelt haben, was mich freut und unterhält, da zweifele ich kaum, daß man auch alle diese Dörfer und blanken Schlößchen mir zu Liebe hingebaut hat, und nur zu meiner Unterhaltung sich dieses Menschen-Spiel auf der CHAUSSEÈ treibt, grade nah genug, um deutlich vom Auge unterschieden, fern genug, um nicht störend zu werden – aber es giebt eine Stelle, die mir noch lieber ist, und der Winter muß es sehr arg treiben, soll ich sie nicht jeden Tag begrüßen – wenigstens einmahl bis jetzt habe ich den grösten Theil der gestohlenen Zeit dort verlebt – Hören Sie! – neben dem Hause liegt ein herrlicher Wald, mit Anlagen die nur eben soviel von der Kunst geborgt haben, um das Unbequeme zu entfernen – lauter alte Buchen, – herrliche hohe Laub-Gewölbe, mit Vögeln von Allen Farben und Zungen, – hier und dort, Felsstücke zum Ausruhen, eine Menge lebendiger Quellen, die sich sammeln zu artigen Teichen, auf denen genug und zum Ueberfluß weiße Wasser-Rosen schwimmen die man bey Uns so sorgfältig zieht, – das Alles bildet ein unschätzbares Ganze, d.h. eben für Uns unschätzbar, die wir gern spatziren gehn, aber ungern den Berg hinab GALOPPIREN, – dieser Wald aber wird nur durch eine schöne und tiefe Schlucht vom Hause getrennt, worüber eine Brücke führt, die sich wahrlich nicht schlecht ausnimmt, Sie denken, dieses sey der geliebte Ort – keineswegs – ich beschreibe seine Vorzüge nur, um ihm mit desto größerem Glanze den Hals zu brechen, wenn ich hinzu füge, daß ich ihn hundertmahl unter die Erde gewünscht habe, zu den alten muffigen Stämmen, die drüben bey Zielschlatt im Torf-Moor liegen, denn was er verbirgt ist mir lieber, als Alles was er geben kann – Ach! lieber keinen Wald, keinen Spatzier-Gang außer der CHAUSSEÈ und unter den Obstbäumen, mit denen das Thal bestreut ist! und dafür meine lieben Alpen, meinen SENTIS, mein Glärnisch, meine Tiroler Gebirge! und meinen schönen klaren See mit seinen Segeln – Sehn Sie, das Alles käm Uns zu, brächte der Wald Uns nicht drum, – nun seh ich es zwar auch mitunter, aber nicht so oft ich will, z.b. nicht eben jetzt, wo ich fünf Groschen drum gäbe – ich sehe es nur an dem Plätzchen wovon ich schon solange geredet, und Sie noch immer nicht hin geführt habe – es ist ein Gartenhäuschen an der höchsten Stelle des Waldes, wo sich die Aussicht ins Thal öffnet – zwey Wege giebts dorthin, Einen steil und dornicht, wie den der Tugend, und ihn pfleg' ich zu gehn, oder vielmehr zu klettern, denn er bringt mich in drey Minuten hinauf, wenn auch keuchend und halbtodt, der Andre gleicht dem der Sünde, breit und gemächlich, deshalb verschmähe ich ihn auch, zumahl da er die Eigenschaft besitzt, eine Viertelstunde lang zu seyn, – Sie mögen gewählt haben wen Sie wollen, wir sind jetzt jedenfalls oben, – ja, mein theurer theurer Freund! Wir sind oben, dieses ist der Platz, wo ich immer bey Ihnen bin, und Sie bey mir – ich glaube mit Wahrheit sagen zu können, ich war nie droben ohne Sie – es ist ein einsamer Fleck Erde, – sehr reizend, und sehr großartig, – ich sitze nur bey rauher Luft im Rebhäuschen, sonst davor, unter einer großen Trauerweide, ganz versteckt durch die Reben mit denen der Abhang bis ins Thal besetzt ist – das Thal selbst schmal und leer, die Gebirge gegenüber sehr nah, und mit Nadelholz bedeckt, was sie schwarz und starr aussehn läst, so nun Berg über Berg, ein Colossales Amphitheater, und zuletzt die Häupter der Alpen mit ihrem ewigen Schnee, – links, die Länge des Thals vom Bodensee geschlossen, (d.h. die PERSPECTIVE, der See selbst ist zwey Stunden von hier) dessen Spiegel im Sonnenschein mich blendet, und der überhaubt mit seinen bewegten Wimpeln und freundlichen Uferstädtchen hinüber leuchtet, wie das Tageslicht in einen Grotten-Eingang, – es ist seltsam wie die Klarheit der Atmosphäre jeden Gegenstand heran rückt, ich bedarf hier nur einer guten LORGNETTE um Meilenweit zu sehn, und dasselbe leisten Andere mit freyem Auge, – In Hülshoff habe ich den Spiegel eines, nicht fünf Minuten entfernten, großen Teiches nie deutlicher gesehn, (von meinem Zimmer aus) als hier am Reben-Häuschen den eine Meile fernen See, auf dem ich jedes Segel zähle, ja sogar in dem Städtchen Lindau, am jenseitigen Ufer, einzelne Gebäude unterscheide – Die Alpen-Häupter nun gar, denen nicht viel mehr Luft als Keine geblieben, scheinen oft so nah, daß man nur sogleich hinan gehn möchte, ich unterscheide jede Schlucht am SENTIS so genau, daß ich meine, wenn ein Gemsjäger daraus hervor träte, ich müsse es sehn, und doch sinds sechs gute Stunden, bergauf, bergab, bis zum Fuße dieses alten Herrn, und zu seinem Gipfel – nun ich weiß nicht, aber wohl weiß ich, daß noch vor wenigen Wochen ein Engländer, dem seine eigensinnige Geliebte, zum Gegenpfand ihres Herzens, eine Eisscholle vom Gipfel des Sentis abverlangte, fast drüber zu Grunde gegangen ist – dreymal haben die Schwierigkeiten ihn zurück getrieben, zum vierten Male hat er nicht nachgelassen, und jeden Schritt nur vorwärts gesetzt, zum Glücke hat er unten im Thale Freunde zurück gelassen, so sind Alpenjäger aufgeboten, und unser Held hat den Rückweg auf einer Tragbahre gemacht, besinnungslos, – ob nun die Dame ihre Forderung aufgegeben hat, oder Er die Dame, weiß der Himmel, meine Kenntnisse sind hier zu Ende – Sie sehn indessen, daß mein Liebling und tägliches VIS A VIS keinen Spaß macht und sich wenigstens eben so ungern am Barte zupfen läst, als der weiland Sultan von Babylon, Oberonischen Andenkens – doch, um wieder aus den Eis-Regionen zu kommen – von meiner Bank unter der Weide aus, durchstöbre ich jede Schlucht, besteige ich jede Klippe, zwar nur in Gedanken, aber was so nah und deutlich erscheint, davon hat man schon so genug, und glaubt Nichts Neues gewinnen zu können durch Annäherung – hier träume ich oft lange, komme oft recht verklemmt zurück, denn die Abende werden allmählich frisch – aber hier droben ist meine Heimath geht Alles an mir vorüber, was ich mir in meinem Herzen habe mitnehmen können – Vieles – Vieles! – wenn ich den ganzen Tag mit andern Vorstellungen bin gefüttert worden, hier mache ich mein eignes Schatzkästlein auf, und reiche Ihnen, mein theurer Freund, von hieraus die Hand, über so manche Stadt, so manchen Berg, und den breiten Rhein – den Tag hindurch ist noch Leben im Thal, aber wenn es dämmert, – wenn die Tiefe um Eins so tief, die Höhe um Eins so hoch wird, der Fichtenwald da steht wie die eigentliche Finsterniß, und nur die weißen kalten Massen droben wie Gespenster herab leuchten, glauben Sie mir, Schlüter, das flache Land bietet keinen Begriff für die Einsamkeit solcher Augenblicke – öde und gewaltig – der Tod in seiner großartigsten Gestalt.– (Oktober 1835)

Kaum gewaltig, eher lieblich, erscheint dem modernen Reisenden der Anblick von Schloß Eppishausen. Auf der Straße von Erlen in Richtung Romanshorn kommend, leuchtet von der Höhe herab das längliche, hell gestrichene Gebäude, umgeben von Wiesen mit Obstbäumen, Weiden für Pferde und Kühe. Die steile Schloßstraße windet sich hinauf und teilt sich oben: Rechts geht es zum Altersheim, links auf den Parkplatz, wo ein „Welcome"-Schild – in seltsamem Kontrast zu dem kasernenartige Gebäude – die Golfer begrüßt.

Auf dem Hügel stand seit der zweiten Hälfte des 13. Jahrhunderts ein Bergfried oder besser Wohnturm, dessen urkundlich nachweisbarer erster Besitzer Rudolf von Rheinegg 1372 starb und ihn seinem Schwiegersohn Ritter Egolf von Rorschach vermachte. Dieser verkaufte Eppishausen an Heinrich von Helmsdorf, unter dessen Nachkommen das Schloß im Appenzellerkrieg 1405 erobert, zerstört und wieder aufgebaut wurde. Durch die dichterische Begabung einiger Familienmitglieder gingen die Helmsdorfs in die Literaturgeschichte ein: Konrad mit einem gereimten *Speculum Vitae*, die Nonne Anna mit Dichtungen und Georg von Helmsdorf d.J. mit einem geistlichen Liederbuch. Anderthalb Jahrhunderte war Eppishausen dann Eigentum der Edlen von Bernhausen, die es 1698 dem Kloster Muri verkauften, das es zum Sitz zweier Konventualen, eines Statthalters und eines Kaplans machte.

Aus dieser Zeit stammt die Kapelle, die allerdings wie das Schloß ihre heutige Form erst beim Um- und Neubau zwischen 1760 und 1763 erhielt. Die charakteristische Nordfassade des L-förmigen Gebäudes mit dem dreieckigen Flachgiebel und dem halbkreisförmigen Speichenfenster stammt aus dem 19. Jahrhundert.

Joseph Freiherr von Laßberg

1812 erwarb Joseph von Laßberg das Schloß und bewohnte es zwischen 1818 und 1838. In diesen zwei Jahrzehnten erlebte die mittelalterliche Kultur dort eine Renaissance, denn der große Sammler alter und verschollener Handschriften machte Schloß Eppishausen zum weithin bekannten Treffpunkt für Gelehrte, Dichter und Forscher. Hier – oder dann später in Meersburg – verkehrten die schwäbischen Dichter Ludwig Uhland, Gustav Schwab und Justinus Kerner, der Geschichtsschreiber und Biograph Laßbergs Johann Adam Pupikofer, der Heraldiker und Glasmaler Ludwig Stanz, der Schriftsteller Bernhard Zeerleder von Steinegg, der Staatsrat Joseph Albrecht von Ittner, der Bistumsverweser Ignaz Heinrich von Wessenberg und viele andere.

Die Charakterisierung dieses erlauchten Kreises durch die Droste ist bekannt:

Außer den Thurnschen Damen betritt kein Frauenzimmer dies Haus, nur Männer von Einem Schlage, Alterthümler, die in meines Schwagers muffigen Manuskripten wühlen möchten, sehr gelehrte, sehr geachtete, ja sehr berühmte Leute in ihrem Fach – aber langweilig wie der bittre Tod, – schimmlich, rostig, prosaisch wie eine Pferde-Bürste, – verhärtete Verächter aller neueren Kunst und LITTERATUR, – mir ist zuweilen als wandle ich zwischen trocknen Bohnen-Hülsen, und höre Nichts als das dürre Rappeln und Knistern um mich her, und solche Patrone können nicht enden, vier Stunden muß man mit ihnen zu Tisch sitzen, und unaufhörlich wird das leere Stroh gedroschen! – nein, Schlüter, ich bin gewiß nicht unbillig, und verachte keine Wissenschaft, weil sie mir fremd ist, aber dieses Feld ist zu beschränkt und abgegrast, das Distel-Fressen kann nicht ausbleiben, was, zum Henker, ist daran gelegen, ob vor drey hundert Jahren, der unbedeutende Prior eines Klosters was nie in der Geschichte vorkommt, OTWIN oder GODWIN geheißen, und doch sehe ich, daß dergleichen Dinge viel graue Haare und bittre Herzen machen. (November 1835)

Man vermag sich vorzustellen, daß die Herren Germanisten und Altertumsforscher für die Droste nicht den gesellschaftlichen Umgang darstellten, den sie sich erhofft hatte. Später in Meersburg, als sie auch als Dichterin etwas galt, wurde ihr Verhältnis zu Laßberg und seinem Kreis freilich entspannter und für alle Seiten anregend.

Der Schwager der Droste, Joseph von Laßberg, hat verdient, als eine bedeutende Gestalt gewürdigt zu werden. Als Sohn des Fürstlich Fürstenbergischen Oberjägermeisters 1770 in Donaueschingen geboren, erwachte früh, vielleicht schon im Kloster Salem, seine Liebe zu alten Büchern. Er studierte „Cameralia“ und Forstwissenschaft in Straßburg und Freiburg und wurde als 16jähriger Offizier als letzter im Deutschen Reich zum Ritter geschlagen, daher sein Spitzname „letzter Ritter“. 1792 trat er als Oberforstmeister in Fürstenbergische Dienste auf Schloß Heiligenberg, wo er die Regierungsgeschäfte für die verwitwete Fürstin Elisabeth geborene von Thurn und Taxis übernahm. Auf dem Wiener Kongreß 1814/15 schloß er Bekanntschaft mit dem Onkel der Dichterin, Werner von Haxthausen, der ihn dann 1830 bei der Rückkehr von der Italienreise in Eppishausen besuchte. Jenny von Droste-Hülshoff, die den Verwandten entgegengereist war, lernte Laßberg kennen und während einer gemeinsamen Besteigung des Rigi – so will es die Familienlegende – erklärte er ihr seine Liebe. Nach dem Tod der Fürstin 1822 hatte er sich in seiner „stillen Waldklause“ zu einem friedlichen Bücherleben zurückgezogen und blühte als Mittsechziger durch die Verbindung geradezu auf: „In stillem Grahm / Verflossen meine Tage / Als Jenny kam / Verstummte jede Klage". Die Mutter zögerte zuerst mit ihrer Einwilligung zur Hochzeit; sie fand dann im Oktober 1834 statt. Es wurde, soviel man weiß, eine glückliche Ehe. Die Droste berichtet in einem Brief, Laßberg trage seine Frau auf Händen und „überhäuft sie mit solchen Geschenken die ihr Freude machen, z.B. mittelalterlichen Seltenheiten und Treibhauspflanzen", in dieser Mischung…

Berühmt wurde Laßberg durch seine Privatbibliothek, eine der bedeutendsten Sammlungen nicht nur seiner Zeit, mit 11000 gedruckten Büchern, darunter über 3000 aus dem Bereich der Literatur, außerdem 200 Handschriften mit dem wertvollsten Stück, der sogenannten Handschrift C des Nibelungenliedes. Zwischen 1820 und 1825 gab er den *Liedersaal* heraus, eine Sammlung von Gedichten des späten Mittelalters in drei starken Oktavbänden, dessen später erschienener vierter Band das von ihm gefundene Nibelungenlied enthält. Durch diese Schätze, die nach Laßbergs Tod als Bestandteil der Fürstlich Fürstenbergischen Bibliothek nach Donaueschingen gingen und 1993 an das Land Baden-Württemberg veräußert wurden, wird das Publikum bis heute angezogen: in den letzten Jahren konnte man sie in Ausstellungen mehrfach besichtigen.

Laßberg ließ zuweilen auch mittelalterliche Gedichte auf „fliegende Blätter" drucken und grüßte damit als „Meister Sepp von Eppishusen". Außerdem wanderte oder fuhr er über Land auf der Suche nach zerfallenen Burgen und anderen Merkwürdigkeiten. Als er Gustav Schwab berichtete, daß er vierspännig über die Eisfläche des Bodensees von Immenstaad nach Utwyl zurückgefahren sei, dichtete dieser als Hommage eine zweite Fassung seines berühmten Gedichts, die 1830 im „Morgenblatt" abgedruckte Romanze „Der Spuk auf dem Bodensee". Sie endet:

Und die darüber fuhren im Mondschein kalt und hell
Sucht in der Schweiz die Kühnen, fragt an zu Bischofszell;
Klopft an zu Eppishausen; wer kennt den Meister nicht?
Der hat die Fahrt bestellet, der sandte mir Bericht.

Sie alle leben fröhlich, sie sind ein christlich Blut,
Voran Herr Sepp, der gerne den Wanderern gütlich thut;
Nur spricht man, daß er heimlich nach manchem Schatze gräbt,
Und mit den alten Geistern in einem Bunde lebt.

Nach Laßbergs Wegzug wechselte Eppishausen mehrmals den Besitzer, bis die Familie Eisenlohr-Hoegger das Schloß mit dem Park und Gelände (ohne Gutshof) 1961 dem neugegründeten Bonitas-Dei-Orden als Mutterhaus übergab. Im folgenden Jahr gründeten die Schwestern darin ein Alters- und Erholungsheim, dem mittlerweile ein Neubau angegliedert wurde. Im Erdgeschoß des ehemaligen Schlosses gibt es das Fürstenzimmer mit einer kleinen Droste-Bibliothek, einem Porträt über dem Kamin und einem Schild, das verkündet, die Droste habe hier einige ihrer schönsten Werke geschaffen. Sie hat allerdings weniger gedichtet („Der Säntis", „Der Graf von Thal"), als vielmehr Laßberg bei der Sammlung seiner altdeutschen Lieder unterstützt, Melodien zu fremden Texten komponiert – wozu

Das Fürstenzimmer im Erdgeschoß des ehemaligen Schlosses Eppishausen mit einer kleinen Droste-Bibliothek.

Laßberg eigens ein Klavier für sie mietete – , ihre Epen und das *Lochamer Liederbuch* abgeschrieben, auch viel gelesen, was ihre Lektüre-Exzerpte zu Victor Hugo, Honoré de Balzac und anderen bezeugen.

Ob sie die Volkssage kannte, nach der die unversöhnte Seele eines alten Ritters im ehemaligen Fürstensaal spuken sollte? Wahrscheinlich nicht, sonst hätte sie dies bei ihrer Affinität zu Gespenstergeschichten gewiß irgendwo erwähnt. Der Speisesaal nebenan war vermutlich schon zu ihrer Zeit in Benutzung, vielleicht Schauplatz des Gedichts „Die rechte Stunde“?

Das Schloßcafé, eher eine Caféteria, lädt uns zum Verweilen; den idealen Rundblick genießen Literaturtouristen eher von einer etwas abseits gelegenen Bank.

Spaziergänge auf Drostes Spuren empfehlen sich nur für Unerschrockene – nicht wegen des steilen Pfades der Tugend und des sanften der Sünde –, aber der Weg auf die Anhöhe führt durchs Golfgelände, so daß man auf einer Tafel nicht grundlos vor umherfliegenden Bällen gewarnt wird.

Die kleinen Teiche mit Röhricht und Froschquaken erinnern an das im Herbst 1835 entstandene Gedicht „Am Weiher“.

Am Weiher

Ein milder Wintertag

An jenes Waldes Enden,
Wo still der Weiher liegt
Und längs den Fichtenwänden
Sich lind Gemurmel wiegt:

Wo in der Sonnenhelle,
So matt und kalt sie ist,
Doch immerfort die Welle
Das Ufer flimmernd küßt:

Da weiß ich, schön zum Malen,
Noch eine schmale Schlucht,
Wo all' die kleinen Strahlen
Sich fangen in der Bucht;

Ein trocken, windstill Eckchen,
Und so an Grüne reich,
Daß auf dem ganzen Fleckchen
Mich kränkt kein dürrer Zweig.

Will ich den Mantel dichte
Nun legen über's Moos,
Mich lehnen an die Fichte,
Und dann auf meinen Schoß

Gezweig' und Kräuter breiten,
So gut ich's finden mag:
Wer will mir's übel deuten,
Spiel' ich den Sommertag?

Will nicht die Grille hallen,
So säuselt doch das Ried;
Sind stumm die Nachtigallen,
So sing' ich selbst ein Lied.

Und hat Natur zum Feste
Nur wenig dargebracht:
Die Lust ist stets die beste,
Die man sich selber macht.

Ein harter Wintertag

Daß ich dich so verkümmert seh',
Mein lieb' lebend'ges Wasserreich,
Daß ganz versteckt in Eis und Schnee
Du siehst der plumpen Erde gleich;

Auch daß voll Reif und Schollen hängt
Dein überglas'ter Fichtengang:
Das ist es nicht, was mich beengt,
Geh' ich an deinem Bord entlang.

Zwar in der immer grünen Zier
Erschienst, o freundlich Element,
Du ähnlich den Oasen mir,
Die des Arabers Sehnsucht kennt;

Wenn neben der verdorrten Flur
Erblühten deine Moose noch,
Wenn durch die schweigende Natur
Erklangen deine Wellen doch.

Allein auch heute wollt' ich gern
Mich des krystallnen Flimmers freun,
Belauschen jeden Farbenstern
Und keinen Sommertag bereun:

Wär' nicht dem Ufer längs, so breit,
Die glatte Schlittenbahn gefegt,
Worauf sich wohl zur Mittagszeit
Gar manche rüst'ge Ferse regt.

Bedenk' ich nun, wie manches Jahr
Ich nimmer eine Eisbahn sah:

Wohl wird mir's trüb' und wunderbar,
Und tausend Bilder treten nah.

Was blieb an Wünschen unerfüllt,
Das nähm' ich noch gelassen mit:
Doch ach, der Frost so manchen hüllt,
Der einst so fröhlich drüber glitt!

Der Säntis

Frühling

Die Rebe blüht, ihr linder Hauch
Durchzieht das thauige Revier,
Und nah' und ferne wiegt die Luft
Vielfarb'ger Blumen bunte Zier.

Wie's um mich gaukelt, wie es summt
Von Vogel, Bien' und Schmetterling,
Wie seine seidnen Wimpel regt
Der Zweig, so jüngst voll Reifen hing.

Noch sucht man gern den Sonnenschein
Und nimmt die trocknen Plätzchen ein;
Denn Nachts schleicht an die Gränze doch
Der landesflücht'ge Winter noch.

O du mein ernst gewalt'ger Greis,
Mein Säntis mit der Locke weiß!
In Felsenblöcke eingemauert
Von Schneegestöber überschauert,
In Eisespanzer eingeschnürt:
Hu! wie dich schaudert, wie dich friert!

Sommer

Du gute Linde, schüttle dich!
Ein wenig Luft, ein schwacher West!
Wo nicht, dann schließe dein Gezweig
So recht, daß Blatt an Blatt sich preßt.

Kein Vogel zirpt, es bellt kein Hund;
Allein die bunte Fliegenbrut
Summt auf und nieder über'n Rain
Und läßt sich rösten in der Glut.

Sogar der Bäume dunkles Laub
Erscheint verdickt und athmet Staub.
Ich liege hier wie ausgedorrt
Und scheuche kaum die Mücken fort.

O Säntis, Säntis! läg' ich doch
Dort, – grad' an deinem Felsenjoch,
Wo sich die kalten, weißen Decken
So frisch und saftig drüben strecken,
Viel tausend blanker Tropfen Spiel;
Glücksel'ger Säntis, dir ist kühl!

Herbst

Wenn ich an einem schönen Tag
Der Mittagsstunde habe Acht,
Und lehne unter meinem Baum
So mitten in der Trauben Pracht:

Wenn die Zeitlose über's Thal
Den amethystnen Teppich webt,
Auf dem der letzte Schmetterling
So schillernd wie der frühste bebt:

Dann denk' ich wenig drüber nach,
Wie's nun verkümmert Tag für Tag,
Und kann mit halbverschlossnem Blick
Vom Lenze träumen und von Glück.

Du mit dem frischgefall'nen Schnee,
Du thust mir in den Augen weh!
Willst uns den Winter schon bereiten:
Von Schlucht zu Schlucht sieht man
  ihn gleiten,
Und bald, bald wälzt er sich herab
Von dir, o Säntis! ödes Grab!

Winter

Aus Schneegestäub' und Nebelqualm
Bricht endlich doch ein klarer Tag;
Da fliegen alle Fenster auf,
Ein Jeder späht, was er vermag.

Ob jene Blöcke Häuser sind?
Ein Weiher jener ebne Raum?
Fürwahr, in dieser Uniform
Den Glockenthurm erkennt man kaum;

Und alles Leben liegt zerdrückt,
Wie unterm Leichentuch erstickt.
Doch schau! an Horizontes Rand
Begegnet mir lebend'ges Land.

Du starrer Wächter, lass' ihn los
Den Föhn aus deiner Kerker Schooß!
Wo schwärzlich jene Riffe spalten,
Da muß er Quarantaine halten,
Der Fremdling aus der Lombardei;
O Säntis, gib den Thauwind frei!

Die rechte Stunde

Im heitren Saal beim Kerzenlicht,
Wenn alle Lippen sprühen Funken,
Und gar vom Sonnenscheine trunken,
Wenn jeder Finger Blumen bricht,
Und vollends an geliebtem Munde,
Wenn die Natur in Flammen schwimmt, –
Das ist sie nicht die rechte Stunde,
Die dir der Genius bestimmt.

Doch wenn so Tag als Lust versank,
Dann wirst du schon ein Plätzchen wissen,
Vielleicht in deines Sopha's Kissen,
Vielleicht auf einer Gartenbank:
Dann klingt's wie halb verstandne Weise,
Wie halb verwischter Farben Guß
Verrinnt's um dich, und leise, leise
Berührt dich dann dein Genius.

Annette von Droste-Hülshoff hat die Schweiz insgesamt nicht sehr geschätzt und an ihren Bewohnern kaum ein gutes Haar gelassen: „die Politik bekümmert Uns Beyde gleich wenig", schreibt sie in dem schon mehrmals zitierten Brief an Schlüter, „sonst könnte ich Ihnen sagen, daß die freyen Schweizer, die keinen Rang anerkennen wollen, die ärgsten Sklaven des Geldes sind". Der Menschenschlag, fügt sie hinzu, gefalle ihr im Ganzen gar nicht, allerdings gesteht sie ein, „kein freyes Urteil zu haben, denn mich verlangt nach Haus. Ein liebes befreundetes Menschen-Anlitz ist doch werther als tausend Gebirge, und wäre aller Schnee drauf Silber-Staub, und jede Eisscholle ein Centner-schwerer Kristall – ich werde nicht ärgerlich seyn, die braunen münsterischen Haiden wiederzusehen, und noch weniger die gute Stadt Münster".

Zurück in der westfälischen Heimat äußert sie in einem Brief an Joseph von Laßberg, alles befinde sich in erfreulichen Verhältnissen, doch: „abgerechnet einiges Heimweh nach den Alpenpflanzen, namentlich dem kleinen doppelten Bicolor Fl. Ros. et Cyan. in Eppishausen“ – womit sie ihre „Röthel“ und „Bläule“ gerufenen Nichten meint.

Die Ausflüge, die sie während ihres fünfzehnmonatigen Eppishausener Aufenthalts erlebte, die Besuche bei den Bekannten auf Schloß Berg und später Schloß Wartensee, hat sie dennoch genossen und im Nachhinein immer wieder begeistert geschildert. Wie ihr langer Bericht vom November 1835 in Münster aufgenommen wurde, sei nicht verschwiegen: Schlüter schwärmt geradezu, sie haben „die Stadt Gottes der Alpenwelt, die herrliche, unendliche Schweiz als Dichterin in ihrer Camera obscura aufgefaßt und mit brennenden Farben in unsere Seelen brennen lassen“; ja, sie habe den zu Hause Gebliebenen einen leuchtenden Zauberspiegel vor Augen gerückt… Bei allem Gestelzten entbehrt es nicht der Wahrheit: Das zentrale Bild, das die Droste für den Bodensee gebraucht, ist der Spiegel, der spiegelnde Widerschein, und auf einer anderen Ebene wird der See auch zur Metapher der Seele.

„Die Schweizer-Natur macht mitunter die Honneurs ihres Landes sehr artig“

Ausflüge ins Thurgau, St. Galler und Appenzeller Land,

nach Schloß Berg, zum Wildkirchli und nach Schloß Wartensee

3.

Schon am 23. August, zwei Wochen nach ihrer Ankunft in Eppishausen, wurde ein Ausflug ins Appenzeller Land geplant, der nach Weissbad führen sollte, doch wegen des schlechten Wetters in Gais abgebrochen werden mußte. Ähnliche Exkursionen folgten, als Tagestouren oder mit Übernachtungen unterwegs, nach Zihlschlacht, einem Dorf mit bemerkenswerten Bauern- und Herrschaftshäusern, und nach Konstanz.

Mit Jenny und Joseph von Laßberg oder mit ihrer Mutter besuchte die Droste häufig Gottesdienste in Sulgen, Bischofszell (einem bis heute verträumten, barocken Städtchen) und Biessenhofen (mit der Kapelle des Hl. Jacobus), Orte, die nur wenige Kilometer entfernt liegen, so daß die Entfernungen zu Fuß oder mit der Kutsche leicht zu bewältigen waren. Der seit 1817 in Sulgen amtierende Pfarrer Leonhard Schillig, den sie samt seiner „Hausserin“ auch später immer grüßen ließ und wohl bei ihrem allerletzten Ausflug in die Schweiz am 4. August 1844 in Bischofszell, wohin er nach seiner Pensionierung gezogen war, noch einmal besuchte, hat sie möglicherweise zu dem Gedichtzyklus „Des alten Pfarrers Woche“ inspiriert.

In Hauptwil, das gleich bei Bischofszell liegt, war die Droste sicher, da sie die Familie von Gonzenbach, die Besitzer des Schlosses, kannte. Von Hölderlins Aufenthalt wußte sie wohl nicht, obwohl der 1796 geborene Daniel von Gonzenbach eines der Geschwister gewesen sein könnte, die Friedrich Hölderlin dort unterrichtet hatte. Erinnert sei aber an seinen Aufenthaltsort im Jahr 1801, aus dem er in einem glücklichen Brief an seine Schwester schrieb: „Ich kann nur dastehn, wie ein Kind, und staunen und stille mich freuen, wenn ich draußen bin, auf dem nächsten Hügel, und wie vom Äther herab die Höhen alle näher und näher niedersteigen bis in dieses freundliche Tal"; und an Christian Landauer: „Vor den Alpen, die in der Entfernung von einigen Stunden hieherum sind, stehe ich immer noch betroffen".

In unserem Jahrhundert führten Spaziergänge Robert Walser und Carl Seelig durch diese Gegend, doch Walser wollte die Hölderlin-Gedenktafel in Hauptwil partout nicht sehen: „Nein, nein, um solches Plakatgeschrei kümmern wir uns lieber nicht! Wie widerwärtig sind doch Dinge, die sich demonstrativ als pietätvoll gebärden!"

Schloß Berg

Im September 1835 unternahm die Droste einen Ausflug ins etwa zwei Fußstunden entfernte Berg, auf das Schloß der Familie Thurn-Valsassina.

Die Geschichte des Schlosses – auf dem Ottenberg am westlichen Ende des Straßendorfes gelegen – reicht bis ins 12. Jahrhundert zurück. Ursprünglich eine wehrhafte Burg und Lehen des Bischofs von Konstanz, wurde der bis heute erhaltene alte Schloßtrakt um 1600 erbaut. Unter den Freiherrn, später Grafen von Thurn-Valsassina, die seit 1676 dort herrschten, wurden Schloß und Kapelle restauriert. Johann Theodor Graf von Thurn-

Valsassina (1768–1836) war Thurgauer Regierungsrat und ein naher Freund Joseph von Laßbergs.

Nach seinem Tod und dem Wegzug der Tochter ging das Schloß durch mehrere Hände. Gegen Ende des 19. Jahrhunderts wurde es durch einen großen, im Villenstil erbauten Westflügel erweitert. 1930 gründete die Pianistin Anna Hirzel-Langenhan darin eine Musikschule mit Internat, seit 1953 beherbergt es ein Altersheim, heute in neuer Trägerschaft Alters- und Pflegeheim.

Der wunderbar angelegte und gepflegte Park mit seinen Rosen- und Lavendelrabatten vor dem Hintergrund hoher Bäume beeindruckt bis heute – und er muß im Sommer 1996 eine beeindruckende Kulisse abgegeben haben, als das Städtchen sein 1200jähriges Bestehen mit Aufführungen feierte, in deren Verlauf eine Kutsche vorfuhr, darin eine Droste-Schauspielerin, die das Gedicht „Schloß Berg“ rezitierte…

Schloß Berg, dessen Park schon unter dem Grafen von Thurn-Valsassina als sehenswert galt.

Auf den ersten Ausflug nach Schloß Berg – „einem der schönsten Punkte des Landes“ – im September folgte Ende Oktober ein mehrtägiger Aufenthalt, über den die Droste in ihrem Brief an Christoph Bernhard Schlüter in Münster anschaulichen Bericht erstattet und ihre Gastgeber liebevoll charakterisiert: den Grafen als grundehrlichen, über die Maßen gutmütigen Mann, seine unverheiratete Schwester Emilie als „ganz vom gleichen Schlage“ und „eine schöne, gute, kluge, und sehr gefühlvolle Tochter von etwa 25 Jahren“. Diese Maria Emilia Wilhelmine, genannt Emma (1809–1871) heiratete 1836 einen entfernten Vetter der Droste, den westfälischen Freiherrn Karl von Gaugreben zu Bruchhausen. Als ihr drittes Kind im Herbst 1841 einige Wochen nach der Geburt starb, verheimlichte man ihr wegen ihrer angegriffenen Gesundheit längere Zeit den Tod. Die Droste wurde durch dieses Schicksal zu ihrem Gedicht „Die junge Mutter“ angeregt.

Die junge Mutter

**Im grün verhangnen duftigen Gemach,
Auf weißen Kissen liegt die junge Mutter;
Wie brennt die Stirn! sie hebt das Auge schwach
Zum Bauer, wo die Nachtigall das Futter
Den nackten Jungen reicht: „mein armes Thier“ ,
So flüstert sie, „und bist du auch gefangen
Gleich mir, wenn draußen Lenz und Sonne prangen,
So hast du deine Kleinen doch bei dir.“**

**Den Vorhang hebt die graue Wärterin,
Und legt den Finger mahnend auf die Lippen;
Die Kranke dreht das schwere Auge hin,
Gefällig will sie von dem Tranke nippen;
Er mundet schon, und ihre bleiche Hand
Faßt fester den Kristall, – o milde Labe! –
„Elisabeth, was macht mein kleiner Knabe?“
„Er schläft“, versetzt die Alte abgewandt.**

Wie mag er zierlich liegen! – Kleines Ding! –
Und selig lächelnd sinkt sie in die Kissen;
Ob man den Schleyer um die Wiege hing,
Den Schleyer der am Erntefest zerrissen?
Man sieht es kaum, sie flickte ihn so nett,
Daß alle Frauen höchlich es gepriesen,
Und eine Ranke ließ sie drüber sprießen.
„Was läutet man im Dom, Elisabeth?"

„Madame, wir haben heut Mariatag."
So hoch im Mond? sie kann sich nicht besinnen. –
Wie war es nur? – doch ihr Gehirn ist schwach,
Und leise suchend zieht sie aus den Linnen
Ein Häubchen, in dem Strale kümmerlich
Läßt sie den Faden in die Nadel gleiten,
So ganz verborgen will sie es bereiten,
Und leise, leise zieht sie Stich um Stich.

Da öffnet knarrend sich die Kammerthür,
Vorsicht'ge Schritte über'n Teppich schleichen.
„Ich schlafe nicht, Rainer, komm her, komm hier!
Wann wird man endlich mir den Knaben reichen?"
Der Gatte blickt verstohlen himmelwärts,
Küßt wie ein Hauch die kleinen heißen Hände:
„Geduld, Geduld, mein Liebchen, bis zum Ende!
Du bist noch gar zu leidend, gutes Herz."

„Du duftest Weihrauch, Mann." – „Ich war im Dom;
Schlaf, Kind"; und wieder gleitet er von dannen.
Sie aber näht, und liebliches Phantom
Spielt um ihr Aug' von Auen, Blumen, Tannen. –
Ach, wenn du wieder siehst die grüne Au,
Siehst über einem kleinen Hügel schwanken
Den Tannenzweig und Blumen drüber ranken,
Dann tröste Gott dich, arme junge Frau!

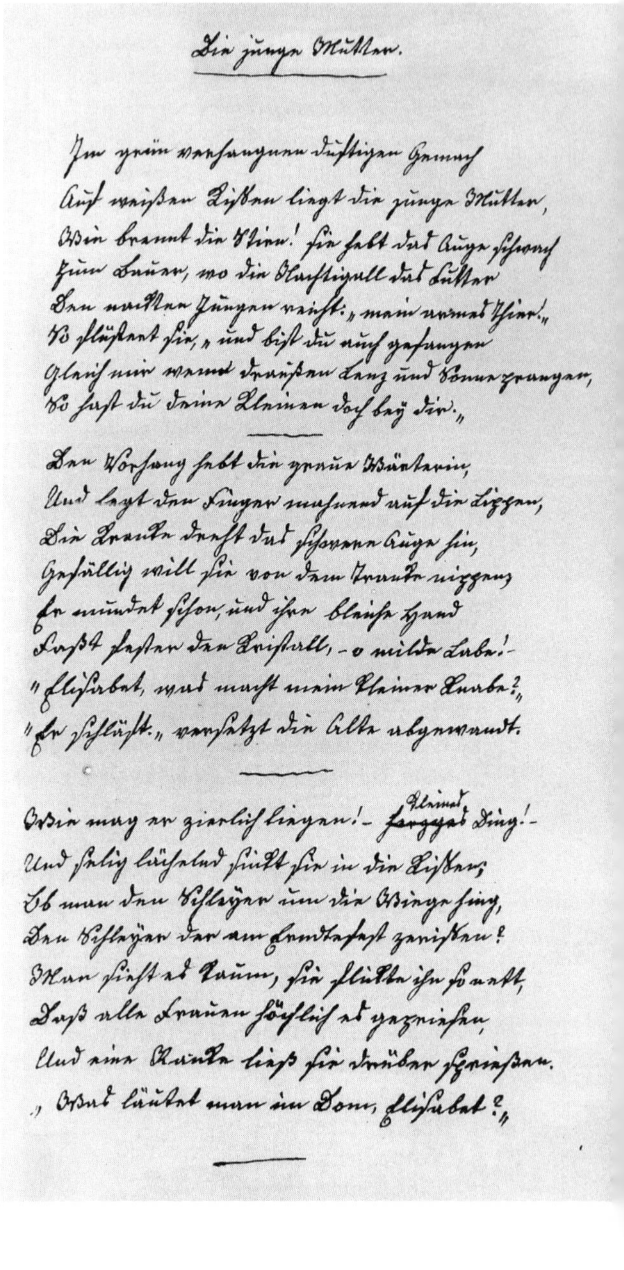
Die junge Mutter.

Im grün verhangnen duftigen Gemach
Auf weißen Kissen liegt die junge Mutter,
Wie brennt die Stirn! sie hebt das Auge schwach
Zum Bauer, wo die Nachtigall das Futter
Den muntern Jungen reicht: „mein armes Thier!"
So flüstert sie, „und bist du auch gefangen
Gleich mir wenn draußen Lenz und Sonnenprangen,
So hast du deine Kleinen doch bey dir."

Der Vorhang hebt die graue Wärterin,
Und legt den Finger mahnend auf die Lippen,
Die Kranke dreht das schwere Auge hin,
Gefällig will sie von dem Tranke nippen,
Er mundet schon, und ihre blasse Hand
Faßt fester den Kristall, - o milde Labe! -
„Elisabeth, was macht mein kleiner Knabe?"
„Er schläft." versetzt die Alte abgewandt.

Wie mag er zierlich liegen! - ~~herziges~~ kleines Ding! -
Und selig lächelnd sinkt sie in die Kissen;
Ob man den Schleyer um die Wiege hing,
Den Schleyer der am Hochzeitsfest zerrissen?
Man sieht es kaum, sie flickte ihn so nett,
Daß alle Frauen höchlich es gepriesen,
Und eine Kante ließ sie drüber schießen.
„Was läutet man im Dom, Elisabeth?"

„Außerordentlich zierlich, deutlich und leserlich" konnte die Droste nach den Worten ihres Freundes und Förderers Levin Schücking schreiben, wie diese Handschrift („Die junge Mutter", 1841) zeigt. Die Arbeitsmanuskripte der Droste sahen dagegen eher chaotisch aus ...

„Madame, wir haben heut Marientag."
So hoch im Mond? Sie kann sich nicht besinnen.
Wie war es nur? – doch ihr Gehirn ist schwach,
Und leise suchend zieht sie aus den Linnen
Ein Häubchen, in dem Strahle kümmerlich
Läßt sie den Faden in die Nadel gleiten;
So ganz verborgen will ~~es~~ sie es bereiten,
Und leise, leise zieht sie Stich um Stich.

Da öffnet knarrend sich die Kammerthür,
Vorsichtge Schritte über'n Teppich schleichen.
„Ich schlafe nicht, Heiner, komm her, komm hier!
Wann wird man endlich mir den Knaben reichen?"
Der Gatte blickt verstohlen himmelwärts,
Küßt wie ein Hauch die kleinen heißen Hände:
„Geduld, Geduld, mein Liebchen, bis zum Ende!
Du bist noch gar zu leidend, gutes Herz."

„Du duftest Weihrauch, Mann." – „Ich war im Dom,
Schlaf, Kind." und wieder gleitet er von dannen,
Sie aber nickt, und liebliches Phantom
Spielt um ihr Aug' von Auen, Blumen, Tannen. –
Ach, wenn du wieder siehst die grüne Au,
~~Und~~ über einem kleinen Hügel schwanken
Den Tannenzweig und Blumen drüber ranken,
Dann tröste Gott dich, arme junge Frau!

Ihre Schilderung des Alpenglühens, das sie von Schloß Berg aus beobachtete, das Erdbeben und die wunderliche Episode um das kleine Kästchen darf man nicht anders als im Originalton lesen, wie sie davon in ihrem Brief an Christoph Bernhard Schlüter im November 1835 erzählt. Annette von Droste-Hülshoff ist – bei ihrer sonstigen Skepsis gegenüber der Schweiz und ihren Bewohnern, von der Familie von Thurn-Valsassina sehr angetan, es kommt, wie es kommen muß: Die netten Gastgeber äußern eine kleine Bitte, ein Gedicht auf ihren Herrschaftssitz hätten sie gern. Tatsächlich hat sich die Droste dieser Aufgabe einer lyrischen Reminiszenz recht akzeptabel entledigt und ein (hier auszugsweise zitiertes) 18strophiges Gedicht auf „Schloß Berg" verfaßt.

... vorerst war ich acht Tage lang bei Thurns, (bin aber schon seit sechs Tagen zurück) dann – doch dort müssen Sie vorläufig noch verweilen, dort sind mir ein paar artige Begebenheiten zugestoßen, was ich sonst noch zu meinem Vortheile zu sagen habe, soll schon nachkommen – ich habe auf diesem Gute – (Berg) eben wie hier, die meiste Zeit am Fenster zugebracht, man sieht die Alpen wie auf unserm Rebhügel, – dort sah ich zuerst das Alpen-Glühen, nämlich dieses Brennen im dunklem Rosenroth, beym Sonnen-Auf- und Untergang, was sie glühendem Eisen gleich macht, und, so häufig die Dichter damit um sich werfen, doch nur bey der selten zutreffenden Vereinigung gewisser Wolken-Lagen und Beschaffenheit der Luft statt findet, – eine dunkel lagernde Wolken Masse, in der sich die Sonnenstrahlen brechen, gehört allemahl mit dazu, aber noch sonst Vieles – nun hören Sie – ich sah, daß eine tüchtige Regen-Bank in Nordwest stand, und behielt desto unverrückter meine lieben Alpen im Auge, die noch, zum Greifen hell, vor mir lagen, die Sonne, zum Untergang bereit, stand dem Gewölk nah, und gab eine seltsam gebrochne, aber reizende, Beleuchtung – ich sah nach den Bergen, die recht hell glänzten, aber weiß wie gewöhnlich, als wenn die Sonne sonst auf den Schnee scheint – hatte kein Arg aus einer allmählich lebhafteren, gelblichen, dann röthlichen Färbung, bis sie, mit einem Maale, anfing sich zu steigern, – rosenroth – dunkelroth – blauroth – immer schneller – immer tiefer – ich war außer mir, und hätte in die Knie sinken mögen – ich war allein, und mochte Niemand rufen aus Furcht Etwas zu versäumen, nun zogen die Wolken an das Gebirge, – die feurigen Inseln schwammen in einem schwarzen Meere, – jetzt stieg das Gewölk – Alles ward finster – ich machte mein Fenster zu, steckte den Kopf in die Sopha-Polster, und

mochte vorläufig Nichts Anderes sehn noch hörn – Ein anderes Mahl sah ich eine Schneewolke über die Alpen ziehn, während wir hellen Sonnenschein hatten, sie schleifte sich wie ein schleppendes Gewand, von Gipfel zu Gipfel, nahm jeden Berg einzeln unter ihren Mantel, und ließ ihn, bis zum Fuße, weiß zurück, sie zog mit unglaublicher Schnelligkeit, in einer halben Stunde viele Meilen weit, es nahm sich vortrefflich aus, Sie sehen, die Schweizer-Natur macht mitunter die HONNEURS ihres Landes sehr artig, und führt ergötzliche National-Schauspiele auf, für die Fremden an den Fenstern – nun noch ein liebliches kleines Abentheuer vom Schlosse Berg, ganz andrer Art – wobey mir beynahe angenehm schauerlich zu Muthe wurde, in Beziehung auf einen recht gut geschriebenen Geister-Roman, der Ueberzählige, den ich erst vor einigen Tagen gelesen, und in dem eine ähnliche Scene statt findet also. – Schon tönt die Glocke Mitternacht! – nein so spät war es nicht, aber doch etwa halb eilf, – wir saßen, nach dem Abendessen noch beisammen, der alte Graf Thurn, seine Schwester, Emilie, seine Tochter Emma und ich, vor Uns auf dem Tische lagen allerley alte Sächelchen, mit denen der gute Papa Thurn mich so eben beschenkt hatte, – ein CALATRAVA-Orden, – derselbe dessen COPIE auf einem mehr als hundertjährigem Familien-Gemälde vorkam, – eine Bügeltasche, mit Schloß und Kette stark genug einen jungen Ochsen anzulegen, die Tasche selbst von schierer Seide, drein gewirkt aus Gold das älteste Thurnische Wappen, aus jener Zeit wo sie noch unter dem Namen DEL LA TORRE, Mayland beherrschten, bevor sie den VISCONTIS weichen musten – ein sehr schön gemaltes kleines Bild und dergleichen mehr – Alles kam aus Schiebladen, die vielleicht seit 60 Jahren nicht geöffnet waren, der Moder-Geruch verbreitete sich im ganzen Zimmer, und mir war fast, als berühre ich die wunderbar CONSERVIRTEN Glieder der Verstorbenen, – der alte Graf hielt ein schlichtes Kästchen von Elfenbein in der Hand, aus dem noch allerley zum Vorschein kam, endlich war es leer, „Nun“ sagte er, „damit Sie die kleinen Dinger nicht verlieren, so schenke ich Ihnen das Kistchen dazu, es ist zwar weder etwas Schönes noch Merkwürdiges dran, indessen mag es doch ein paar hundert Jahre alt seyn, ich, wenigstens, habe es schon über vierzig Jahre, als ich ein Kind war, hatte es mein Vater, und ich erinnere mich, daß er sagte, er habe es von seinem Grosvater, der es ihm, auch schon als ein altes Kästchen mit, ich weiß nicht was, drinne, gegeben habe, so können Sie es auch unter die ANTIQUITÆTEN rechnen“ hierbey schlug er den Deckel so fest zu, daß ich, gleich nachher, ihn nicht aufzubringen vermochte, ich meistere und drücke dran, eigentlich nur zum Zeitvertreibe, mit einem Mahle, fliegt es gewaltsam auf, und zwey wunderschöne Miniaturbilder, liegen vor mir, das Eine im Deckel, das Andre gegenüber im Grunde des Kistchens, – Emma und ich hatten Uns, in der Erinnerung an den Ueberzähligen, Beyde erschreckt, daß wir blaß geworden waren,

– weniger entsetzt, aber mehr verwundert, waren die beyden alten Geschwister, die mit Gewißheit sagen konnten, daß, seit wenigstens 130 Jahren, Niemand mehr um das Daseyn dieser Gemälde gewust hatte, der alte Graf, dem das Kistchen früherhin, zwanzig Jahre als BONBONIERE gedient, sah aus, als glaube er an Hexen, – es fand sich, daß ich mit meinem ungeschickten Meistern und Brechen, die Feder getroffen, welche den Schieber vor den Gemälden bewegte, – die Bilder stellen zwey vollkommen erhaltene PORTRAITS dar, einen jungen Mann und ein Mädchen, beyde im Alter von etwa sechzehn Jahren, Beyde von großer Schönheit, und einander so ähnlich, daß man sie für Geschwister, wo nicht gar für Zwillinge halten muß, – Beyde haben runde feine Gesichtchen, ein TEINT von seltner Zartheit, die schönsten und größten dunkelblauen Augen, etwas aufgestutzte Näschen, hingegen wieder einen Mund und Kinn, von wahrhaft IDEALER Lieblichkeit. –

Ja, Reisen ist doch zu Etwas gut! wo hätte ich, zu Rüschhaus, ein Erdbeben hernehmen sollen? Nun also, die guten Thurns hatten so viel zu meinem Vergnügen herbey geschafft, ein Erdbeben, ein Alpen-Glühen, eine höchst mahlerische Schneewolke, zwey gespenstige Portraits, und sonst noch eine Menge angenehmer Gegenstände, Geschenke, freundliche Worte und Blicke, ET CET. ich hätte ihnen auch gern Etwas zu Liebe gethan, da gab mir denn Emma unter den Fuß, den Papa werde Nichts mehr freuen, als ein Gedicht auf sein liebes Schloß Berg, – o weh! das war eine harte Nuß! – was ich soll, das mag ich nie – (wieder eine schlimme Eigenschaft die Ihnen noch unbekannt war) indessen ich machte gute Miene zum bösen Spiel, – aber nun wurde mir das Schema vorgelegt, – kennen Sie das Lied „mein Herr Mahler will Er wohl, mich abkonterfeyen?“ – Doch falls Sie es nicht kennen – hören Sie was man einem Menschen zumuthen kann – zwölf Cantone sollt' ich namentlich anführen, ohngefähr eben so viel Haupt-Gebirge, ohngefähr doppelt so viel Haupt-Orte, – die Namen von vier König-Reichen, – von verschiedenen Gewässern, und die Zahl aller übrigen Orte, welche die Aussicht darbietet – dem guten alten Herrn war es, seit Jahren, ein schwerer Aerger, so manches Gedicht zu lesen auf die schönen Punkte der Umgegend, und niemals Eins auf sein liebes Berg, nun aber mahl die Reihe an ihn kam, wollte er den Leuten auch Nichts schenken, kein drey Ellen breites Flüßchen, kein Dörfchen von sechs Häusern – ich aber sagte mit Wilhelm Tell, „fordre was menschlich ist!“ und machte ihm begreiflich, daß Zahlen sich weit besser in einer Rechnung ausnehmen, als in einem Gedicht, – er begriff nur halb, gab nur wenig nach, – und ich hatte gelobt das Machwerk dem ST. BERNHARD und Arztes Vermächtniß beydrucken zu lassen, folglich war es nicht ohne Einfluß für mein erstes Auftreten, – eine üble Klemme! die Zufriedenheit meines lieben frommen prosaischen Wirths war mir doch lieber als mein poetischer Ruf, indessen ganz einerley war es mir um Diesen auch nicht – und sehn Sie, so lächerlich es Ihnen scheinen mag, dies hat eine große große Lücke in diesem Brief veranlaßt, – jeden Morgen überfiel mich das Bewustseyn meiner schwierign und unerfüllten Verbindlichkeit, ich konnte eben an Nichts Anderes denken, war zu keinem vernünftigen Dinge aufgelegt, – kurz, ich that wohl, mir diesen Stein, um Jeden Preis, zuerst abzuwälzen, – VICTORIA! es ist geschehn, und, was das Beste ist, Prosa und Poesie haben noch einen ziemlich guten ACCORD miteinander getroffen, wenn der Graf Thurn Ein Auge zudrückt, und das Publikum auch Eins, so wird es schon gehn. – (An Christoph Bernhard Schlüter im November 1835)

Schloß Berg

Ein Nebelsee quillt rauchend aus der Aue,
Und duft'ge Wölkchen treiben durch den Raum,
Kaum graut ein Punkt im Osten noch, am Thaue
Verlosch des Glühwurms kleine Leuchte kaum.
Horch! leises leises Zirpen unterm Dache
Verkündet, daß bereits die Schwalbe wache,
Und um manch' Lager spielt ein später Traum.

Die Stirn gedrückt an meines Fensters Scheiben,
Schau sinnend ich ins duft'ge Meer hinein,
Und wie die hellen Wölkchen drüber treiben,
Mein Blick hängt unverwendet an dem Schein.
Ja, dort, dort muß nun bald die Sonne steigen,
Mir ungekannte Herrlichkeit zu zeigen,
Dort ladet mich der Schweizermorgen ein!

So steh ich wirklich denn auf deinem Grunde,
Besung'nes Land, von dem die Fremde schwärmt,
Du meines Lebens allerfrühste Kunde,
Aus einer Zeit, die noch das Herz erwärmt,
Als E i n e, nie vergessen doch entschwunden,
So manche liebe hingeträumte Stunden,
An allzu theuren Bildern sich gehärmt.

Wenn sie gemahlt, wie mahlet das Verlangen,
Die Felsenkuppen und den ewgen Schnee,
Wenn um mein Ohr die Alpenglocken klangen,
Vor meinem Auge blitzte auf der See.
Von Schlosses Thurm, mit zitterndem Vergnügen,
Ich zahllos sah die blanken Dörfer liegen,
Der Königreiche vier von meiner Höh'.

Mich dünkt noch seh ich ihre blauen Augen,
Die aufwärts schaun mit heiliger Gewalt,
Noch will mein Ohr die weichen Töne saugen,
Wenn echogleich sie am Clavier verhallt;
Und drunten, wo die linden Pappeln wehen,
Noch glaub' ich ihrer Locken Wald zu sehen,
Und ihre zarte schwankende Gestalt.

[…]

Ihr, ruhend noch in dieser frühen Stunde,
Verehrter Freund, und meine theuren Zween,
Emilia und Emma, unserm Bunde
Gewiß wird lächelnd sie zur Seite stehn;
Ich weiß es, denkend an geliebte Todten,
Habt ihr der Fremden eure Hand geboten,
Als hättet ihr seit Jahren sie gesehn.

[…]

So klar, ein stählern Band, die Thur sich windet,
Und wie ich lauschend späh' von meiner Höh,
Ein einzger Blick mir zwölf Cantone bindet;
Wo drüben zitternd ruht der Bodensee,
Wo längs dem Strand, die Wimpel lässig gleiten,
Vier Königreiche seh' ich dort sich breiten,
Erfüllt ist Alles, ohne Traum und Fee.

Mein stolzer edler Grund, dich möcht ich nennen
Mein königlich' mein kaiserliches Land!
Wer mag dein Bild von deinen Gletschern trennen,
Doch Liebres ich in deinen Thälern fand.
Was klinkt an meine Thür, nach Geisterweise?
Horch! „guten Morgen, Nette" flüsterts leise,
Und meine Emma bietet mir die Hand.

Die Begeisterung über Naturerlebnisse und reizvolle Begegnungen wich im Laufe der Monate einer verdrießlichen Stimmung. Von der „Öde eines hiesigen Winters" hätte man kaum einen Begriff, fast sechs Monate lang habe Schnee gelegen, schrieb die Droste in einem Brief, und „das Schlimmste war ein Nebel, aus dem man Brey hätte kochen können". Angeblich wärmten die Schweizer Kachelöfen nicht so gut wie die flackernden Feuer in westfälischen Kaminen, und „Mama sagte ein ums andere Mal, ‚Lappland'!"

Gemeinsam mit ihrer Mutter kümmerte sich die Droste im Winter 1835/36 um Jenny, deren Gesundheitszustand durch die bevorstehende Geburt ihrer Zwillinge kritisch war. Am 5. März 1836 wurden Hildegard und Hildegunde geboren, zarte Kinder, eines geradezu schwächlich, deren Pflege in den folgenden Wochen und Monaten viel Zeit in Anspruch nahm, an deren Niedlichkeit die Tante dennoch ihre Freude hatte.

Im Mai wurde mit Jenny und Joseph von Laßberg ein Ausflug unternommen, der nach Heiligenberg führen sollte, aber schon in Altnau ein denkwürdiges Ende fand: „das Unglück mit dem Umwerfen" des Gespanns, von dem Laßberg eine lebenslängliche Gehbehinderung davontrug. Die Droste fiel in Ohnmacht, wurde am Hinterkopf verletzt und hegte hinfort größte Zweifel bezüglich der Fahrkünste von Schweizer Kutschern – wie sie in einem Brief an den Stiefonkel und Domherrn in Hildesheim, Carl von Haxthausen, schildert:

Wir, nämlich Mama und ich mit noch vier Anderen, haben vor 14 Tagen eine kleine Bergreise gemacht, in die Apenzeller Alpen, wo wir fleißig Milch getrunken, Alpenrosen gepflückt, und mitten im August im Schneefelde gestanden haben, das Merkwürdigste aber ist, daß wir binnen 4 Tagen, drey verschiedene Kutscher gehabt haben, wovon Uns der Erste umwarf, der Zweite ein noch ungebrauchtes und der Dritte ein kollriges Pferd vorspannte, so daß wir dreymahl in die gröste Lebensgefahr gerathen sind, – es giebt überhaubt nichts elenderes als einen Schweizer Kutscher, grenzenlos ungeschickt, furchtsam wie alte Weiber, und doch aus Habsucht das Unvernünftigste unternehmend, sie verstehn die Kunst dich auf der ebensten CHAUSSEÈ auf die Seite zu legen, jeden Stein, jedes etwas tiefe Wagengleis wissen sie dazu zu benutzen, sie kennen sich auch selbst darin, und krüppeln wenigstens die Hälfte jedes Weges mit angelegtem Radschuh, daß man vor Ungeduld aus der Haut fahren möchte, und doch ist der Eigennutz so groß bey Ihnen, daß du nicht erwarten darfst, wenn du einen Kutscher um vier Pferde ansprichst, daß er dir gestehn werde, er habe nur zwey, sondern um den Verdienst nicht zu versäumen, nimmt er lieber die ersten besten zwey Fohlen von der Weide, und setzt ohne Bedenken, sowohl seinen als deinen Hals dran – es geht auch keine Woche hin, daß man nicht von Unglücksfällen hörte, und du magst fragen wen du willst, jeder ist schon vielmahls umgeworfen, und hat auch mitunter Schaden genommen, war es auch nur ein zerschlagener Kopf oder geschundenes Bein, aber die Leute meinen, das gehöre so dazu. (August 1836)

Das Wildkirchli

Heutzutage, mit Auto und Seilbahn, ist die Bergtour zum Wildkirchli ein Sonntagsausflug, im August 1836 muß es sich um eine richtige Reise gehandelt haben. Man kann sich kaum vorstellen, wie die Droste, immer etwas asthmatisch und kurzsichtig, mit langen Röcken auf den Berg hinauf kletterte, denn von Wasserauen zur Ebenalp ist es ein steiler Weg. Mit der Schwebebahn überwindet man den Höhenunterschied von 800 Metern heute freilich in der beeindruckenden Zeit von acht Minuten, und läßt erstaunlich rasch auch die Touristenbusse hinter sich.

Ein gangbarer Pfad – allerdings möglichst mit Wanderschuhen – führt in einer Viertelstunde von der Bergstation Ebenalp (1644 m.ü.M.) hinunter in die Höhlen und weiter zu Kapelle und Glockentürmchen der ehemaligen Einsiedelei. Zu Beginn unseres Jahrhunderts wurden in den Höhlen sensationelle Funde gemacht: das Skelett eines Höhlenbären und Werkzeuge aus der Epoche des sogenannten Mittleren Jung-Pleistozäns, das heißt aus der Zeit zwischen 50 000–30 000 v. Chr.

Im 16. Jahrhundert taucht der Name Wildkirchli zum ersten Mal auf. Er verweist auf die Volksphantasie von sagenhaften Wildleuten, Zwergen oder Gnomen, die in den Höhlen hausten und dort Thronsaal und Kirche besaßen – in Wirklichkeit waren die Wildkirchli-Leute der prähistorischen Zeit nomadisierende Jäger.

Unter zwei Höhlen ducken sich heute ein Kapellentürmchen mit der eigentlichen Grotte, deren Altarraum durch einen Holzzaun abgegrenzt ist, und etwas entfernt ein Blockhäuschen, das in den 70er Jahren der ehemaligen Eremitenklause anhand alter Zeichnungen nachgebildet wurde. Darin sind die Geschichte des Höhlenheiligtums dokumentiert und einige prähistorische Funde ausgestellt. Auf der anderen Seite schmiegt sich das Gasthaus Aescher an den Felsen, das von Mai bis Allerheiligen geöffnet hat und sich zur Rast unbedingt empfiehlt. Selbst umgeben von Mengen gleichgesinnter Bergtouristen kann man dieses Alpenpanorama genießen.

Das Wildkirchli auf der Ebenalp erlangte seine Bekanntheit durch Joseph Victor von Scheffels Roman *Ekkehard*.

Der Kapuzinerpater Philipp Tanner errichtete hier 1621 einen Altar, hielt mehrmals Wallfahrtsgottesdienst und gab überhaupt den Anstoß zur Einsiedelei. Als erster Eremit zog sich der Appenzeller Pfarrer Paulus Ullmann 1658–1660 dorthin zurück und besorgte schließlich die letzten Jahre bis zu seinem Tod 1680 den Gottesdienst in der Naturkapelle. Während der beiden folgenden Jahrhunderte übernahmen die Waldbrüder der Schweizerischen Eremitenkongregation die Sorge für das Heiligtum. Seit dem 18. Jahrhundert begann sich der Tourismus für das Wildkirchli zu interessieren, in Reiseführern wurde es erwähnt und auf zahlreichen Stichen abgebildet. Zu Zeiten der Droste muß es ein Wallfahrtsort gewesen sein, allerdings war sie im August und nicht zu den beiden Hauptfesten, Schutzengel (im Juli) und Michael (Ende September), dort. Bis 1851 war die Grotte von Eremiten bewohnt.

Sie schildert ihren Eindruck von diesem Besuch im Zusammenhang mit anderen Punkten am Bodensee und im Appenzeller Land drei Jahre später in einem Brief an Elise Rüdiger:

...und dann das Wildkirchli am Säntis, dicht unter dem Schnee in einer doppelten Höhle, von denen die eine des Eremiten Klause enthält, die andre Kapelle, Kanzel, Beichtstuhl, Altar, Alles aus dem Felsen gehauen, und diese Doppelhöhle in einer Klippenwand, fünfmahl so hoch wie Lamberti Thurm, ohngefähr grade in der Mitte, wie eingesprengt, zu der man nur durch in der Luft hängende Gallerien gelangen kann, und grade drunter ein See, so blau wie ultra marin, – das ist wohl schön und sehenswerth! (September 1839)

Nun fand sie auch die hiesige Bevölkerung nicht mehr so schrecklich, sondern nannte die Appenzeller in ihrer Landestracht den zierlich geschmückten, gut gekleidetsten und poetischsten Menschenschlag der ganzen Schweiz, sie habe bildschöne Geschöpfe gesehen...

Seine große Bekanntheit erlangte das Wildkirchli durch Joseph Victor von Scheffels historischen Roman *Ekkehard* aus dem Jahr 1855. In dieser Geschichte aus dem 10. Jahrhundert läßt er den St. Galler Mönch Ekkehard ins Wildkirchli fliehen, dort aus den Wirren seiner Leidenschaft zu sich selbst zurückfinden und zum Dichter des Waltharius-Liedes reifen – unglückliche Liebe und Entsagung waren genau die Ingredienzen, die das Publikum vor hundert Jahren schätzte und das Buch zum Bestseller machten. Den autobiographischen Kern des Werkes kennen vielleicht nur wenige, aber die Erleichterung über seine Genesung auf dem Wildkirchli spricht deutlich aus den Versen, die Scheffel dem Fremdenbuch anvertraute: „Er schleppte auf den Berg hinauf / Viel alte Sorg' und Qual – Als wie ein Geissbub' jodelnd fährt / Er fröhlich jetzt zu Tal."

1902 wurde an der Aescherwand von den dankbaren Verehrern ein Reliefbild für den „Dichter des *Ekkehard* J. Victor von Scheffel" angebracht, auf dem ganz im Stil der Zeit Eichenlaub das markige Profil umkränzt.

Vielleicht hat der Eindruck der Reise ins Säntismassiv und zur Einsiedelei die Bilder inspiriert, die die Droste in einem unbetitelten Gedicht formuliert. Wohl erst kurz vor ihrer Abreise am 29. Oktober 1836 entstanden, ist es geprägt von ihren Schweizer Erfahrungen, ein Abschiedsgedicht, das zwar auch angenehme Eindrücke wiedergibt, aber mit dem Vers endet: „So lebe denn auf lange wohl, Du ungeliebtes Land". Er sollte sich für sie bewahrheiten.

Am grünen Hang ein Pilger steht

Am grünen Hang ein Pilger steht,
Sein Blick wie Morgentraum,
Er zieht entlang den breiten Weg,
Er drängt sich in der Schlucht Geheg
Dann klimmt empor den Klippensteg
Und spricht am Wolkensaum

Du edles und begabtes Land
Mit deinem reichen Thal
Mit deinen adamantnen Höhn
Mit deinen tief schmaragdnen Seen
Wo linde Düfte drüber wehn
Wie bist du mir zur Qual

Du hast mir deinen Geist gesandt
Mein Dank ist tief und rein
Ja, was du All gespendet hast
Ich habe wie ein treuer Gast
Getragen deiner Gaben Last,
Jedoch ich bin allein

Und was ich auch beginnen mag
Das Rad nicht fürder will
Ich trete unbewußt zurück
Ich wende willenlos den Blick
Seit mir entfloh der Jugend Glück
Stand auch die Speiche still

Ach deine Laute weckten nicht
Ein tief entschlafnes Herz,
Ich legte eine kalte Hand
In mancher treuen Rechte Brand
Und knüpfte mir ein tändelnd Band
Für kurzer Tage Scherz

Denn durch der Catarakte Fall
Es flüstert für und für
Wo bist du meine Nachtigall
Mein Pappelgang am grünen Wall
Wann zeigt sich leichter Wellen Ball
Der gelbe Lotus mir

So lebe denn auf lange wohl
Du ungeliebtes Land
Mit deiner Donner Widerhall
Mit deinem starren Felsenwall
Land wo ich keine Nachtigall
Und keine Liebe fand

Schloß Wartensee

Im Herbst 1843 gab Annette von Droste-Hülshoff eine geplante Tour in die Schweiz zugunsten des Erwerbs ihres Fürstenhäuschens oberhalb Meersburgs auf, doch im Mai 1844 begleitete sie dann das Ehepaar Schücking bei einem mehrtägigen Ausflug nach Konstanz und fuhr in Begleitung ihrer Mutter über Bischofszell weiter nach Schloß Wartensee, um Philippa Pearsall zu besuchen. Ein Vierteljahr zuvor hatte sie in Meersburg die Bekanntschaft Robert Lucas Pearsalls und seiner Tochter Philippa gemacht. Der alte Herr hatte der Droste eine „englische gar hübsche Gespenstergeschichte" erzählt, die ihr nicht mehr aus dem Kopf ging, wie sie in einem Brief an Louise Schücking schrieb, in dem sie die 27 Jahre jüngere Philippa ausführlich charakterisierte:

Ein höchst GENIALES liebenswürdiges Mädchen von 20 Jahren, in der eine tüchtige Mahlerin und GESANGSCOMPONISTIN steckt, – sie entwirft ganz reizende Skizzen, sowohl im GENRE als nach der heiligen Geschichte, ist von ihrem Vater, einem ORIGINELLEN Musick-Enthusiasten, in alle Geheimnisse des CONTRAPUNCTS eingeweiht, und singt ihre einfachen aber rührenden COMPOSITIONEN mit einer wunderbar tiefen erschütternden Stimme, – hübsch ist sie nicht, aber sehr angenehm, bescheiden und geistreich, und so frisch in allen ihren Gefühlen, daß es Einem wohlthut nur ihr Gesicht zu sehn wenn sie Etwas INTERESSIRT – Die Gelegenheit wird bestimmen, ob sie noch mahl einen bedeutenden Ruf erlangen, oder ihre Talente halb ausgebildet fürs Haus verbrauchen wird. – Es wär Jammerschade, wenns beym Letzten bleiben müßte! (März 1844)

Etwas anders klingt, was die Droste im April ihrer Freundin Elise Rüdiger über die neue Bekannte mitteilte, nachdem sie sich im Winter vier Wochen auf den „wunderherrlichen Contra-Alt“ müde gewartet hatte:

PHILIPPA PERSAL habe ich auch kennen lernen, sie war mit ihrem Vater eine Woche hier – ist wirklich höchst INTERESSANT, obwohl häßlich, aber voll Talent, Geist und Leben, und ihre junge ORIGINELLE Kraft hat mir einen recht erfrischenden Eindruck gemacht, – aber sie ist fast ein Kind überhaubt, und gegen mich vollends, – ein Wesen daß man mit Freude betrachtet, ohne im mindesten an einen eigentlichen Berührungspunkt zu denken, zudem wohnen sie weit von hier, – ein solcher Besuch ist allemahl für ein ganzes Jahr, – sie ist also an mir vorüber geschwebt wie die Heldin eines Romans, die lebt solange man liest, und dann ins Blaue zerrinnt.

Daß die Droste sich gegenüber Elise Rüdiger nicht so attachiert äußert, mag den Grund darin haben, daß sie ihre alte Freundin nicht eifersüchtig machen wollte, man möchte es jedenfalls aufgrund der sich anschließenden Versicherung vermuten: „Aber mein Lies habe ich wirklich, durch 1000 Fäden gegenseitiger Treue, gleicher Ansichten, gleicher Erlebnisse an mich geknüpft, und das bleibt mir auch, bis meine ohnedies halbblinden Augen gar nichts mehr sehn – was meinen Sie, würden Sie mich noch wohl lieb haben, wenn ich ganz alt und schwachsinnig wäre?“

Der heute beinahe vergessene Komponist Baron Robert Lucas Pearsall de Willsbridge stammte aus Bristol, verließ seine englische Heimat und zog 1825 gemeinsam mit seiner Frau Eliza Hobday, seinem Sohn Robert Lucas und den beiden Töchtern Elizabeth Still und Philippa Swinnerton (1824–1907) nach Deutschland. Er gab seinen Beruf als Anwalt auf, nahm Kompositionsunterricht, beschäftigte sich mit Geschichte, Genealogie, Heraldik und Malerei. In den folgenden Jahrzehnten unternahm er ausgedehnte Reisen in die europäischen Musikzentren, hielt Vorträge, übersetzte (eine der ersten englischen Übersetzungen von Schillers *Wilhelm Tell* stammt von ihm) und genoß als Komponist zu seiner Zeit offensichtlich Ansehen. So erhielt er von der Kirche St. Gallen Kompositionsaufträge und arbeitete an einem Gesang- und Orgelbegleitbuch. 1843 kaufte er das Schloß Wartensee, das auf der Höhe südlich von Rorschach inmitten einer großzügigen Parkanlage liegt. In den nächsten Jahren gestaltete er die überalterten Gebäude zum heutigen repräsentativen Schloß im neugotischen Erscheinungsbild. Nach seinem Tod 1856 konnte der Sohn das kostspielig umgebaute Schloß nicht mehr lange halten und mußte es schon 1858 verkaufen; Pearsalls schriftlichen und musikalischen Nachlaß schenkte seine Tochter Philippa großzügig der Bibliothek des Stiftes Einsiedeln.

Zu Anfang der 1860er Jahre wurden in einem großen Inserat der Leipziger Illustrierten die Vorzüge der Liegenschaft gepriesen: „Malerisch, grossartig, terrassenförmig, in sanftester Aufsteigung“ erhebe sich dieses ehemalige Rittergut an einem durch seine Lage ausgezeichneten Punkt, den schon die Römer zu würdigen wußten. „Einen majestätischen Anblick gewähren die zeitweise zu- und abfahrenden Eisenbahnzüge […], ebenso imposant die Erscheinung der zu- und abfahrenden Dampfboote von Rorschach nach allen Richtungen des Bodensees.“ Von 40 Zimmern im Schloß war die Rede, zahlreichen Ökonomiegebäuden und 172 Morgen Acker-, Wiesen- und Rebland, Waldung und Weiher.

Bis heute ist fasziniert, wer mit dem Auto oder der Zahnradbahn ankommt: Schloß Wartensee liegt – umgeben von weiteren Landsitzen – ganz im Sinne seiner Bezeichnung als Warte über dem See, am weiten Abhang des Rorschacherberges, in der gleichnamigen Gemeinde im Kanton St. Gallen. Auf einer Höhe von 160 Metern bietet der idyllische Ort eine prächtige Aussicht über Rorschach, den Bodensee und weit hinaus nach Deutschland hinüber. In den Klang der Kuhglocken mischt sich freilich der Lärm des Autoverkehrs, der von der nahen Stadt heraufdröhnt.

An dieser Stelle sei ein kurzer Blick in Gegenwart und Geschichte der Schloßanlage gestattet, die bis in die Mitte des 13. Jahrhunderts zurückreicht. Auf dem Felsenrücken entstanden gleich drei Wohntürme, in den folgenden Jahrhunderten ergänzt um Graben, Brücke, Tor- und Hofanlage, Kapelle und einen hölzernen Palasbau. Eigentümer war bis 1719 die Ostschweizer Familie Blarer. Aus dieser Zeit ist die früheste Ansicht überliefert, gezeichnet von Johann Melchior Füssli. In dem darauffolgenden Jahrhundert wechselten mehrfach die Besitzer. Gustav Schwab berichtet 1827, Wartensee bestünde aus zwei verbundenen Schlössern, einem alten und einem neuen Bau, berge eine schöne, mit Wappen bemalte Stube und stünde zum Verkauf. Im 19. und 20. Jahrhundert ist die Eigentümer-Geschichte von ständigen Erwerbungen und Zwangsversteigerungen gekennzeichnet, seit 1955 gehört die Schloßanlage der Evangelisch-reformierten Kirche des Kantons St. Gallen, die sie zunächst einige Jahrzehnte als Evangelische Heimstätte nutzte und 1994 bis 1996 zum modernen Tagungs- und Begegnungszentrum mit internem Beherbergungsbetrieb umbaute. Außer für Seminare, Tagungen, Familien- und Firmenfeiern bietet sich Schloß Wartensee auch für Individualreisende als Ausgangspunkt für Wanderungen an. (Von Konstanz sind es 40 Kilometer bis Wartensee und von dort ebenso weit nach Wasserauen.)

Zwei oder drei Tage weilte Annette von Droste-Hülshoff im Mai 1844 auf Schloß Wartensee, und es wurde ein Abschiedsbesuch; nur noch einen Ausflug nach Sulgen hat sie im August desselben Jahres auf die Schweizer Seite des Bodensees unternommen. Das Schloß war eben erst in den Besitz der Familie Pearsall gekommen und noch nicht neugotisch umgebaut, aber die mächtige Zeder könnte schon im Innenhof gestanden haben, und der Ausblick hat die Droste zweifellos entzückt!

Ihr Gedicht „An Philippa (Wartensee, den 24. Mai 1844)“ spricht deutlich von ihrem eigenen fortgeschrittenen Alter, das ihr neben der jungen Engländerin wohl besonders deutlich zu Bewußtsein kam. – „Ihre Liebe ist mir ein frischer, wohlthätiger Strahl in meinem abnehmenden Leben“. Dies schrieb sie am 25. August in

Meersburg an Philippa, angesichts ihrer bevorstehenden Abreise und legte, da sie nicht mehr selber nach Wartensee kommen könne, ein zweites Widmungsgedicht bei, „So muß ich in die Ferne rufen". Voller Wehmut äußert sie darin die Vermutung, es sei vielleicht die letzte Begegnung. Auch im Brief klingt diese Sorge an, gleichfalls die Hoffnung, daß die Pearsalls Wartensee gegen das Neue Schloß in Meersburg tauschen möchten. Es ist die vielzitierte und zentrale Briefstelle, in der sie über das kleine Städtchen geradezu ins Schwärmen gerät und Meersburg als „die zweite Hälfte ihrer Heimat" bezeichnet. Ob man in Wirklichkeit vom Fürstenhäusle aus den Turm in Wartensee erblicken kann? Bei guter Sicht sei es möglich, sagen die Meersburger.

Die beiden Frauen trafen sich noch einmal: Als die Droste zu ihrem letzten Aufenthalt in Meersburg eintraf, am 1. Oktober 1846, fand sie Philippa zu einem Besuch dort schon vor. Später, als Philippa in Augsburg bei dem Maler Hundertpfund eine Ausbildung zur bildenden Künstlerin absolvierte, wechselt man wohl noch Briefe, schickt Gedichte, Autographen, Münzen und andere „Sächelchen".

Philippa Swinnerton Pearsall mußte zwar wegen eines Nervenfiebers ihre Studien unterbrechen, widmete sich, zurück in Wartensee, jedoch erfolgreich ihrer Kunst: so schmückte sie beispielsweise die Kirche in Jona am Züricher See mit zwei Altargemälden. Nach dem Tod ihres Vaters, der in der Gruft der Schloßkapelle beigesetzt wurde, ordnete sie in England ihre Vermögensverhältnisse und heiratete ihren Rechtsanwalt Hughes. Sie wollten sich wieder in der Schweiz ansiedeln, allerdings mußte der Bruder Schloß Wartensee zwangsverkaufen, und Philippa und ihr Mann fanden für einige Zeit Aufnahme auf der Meersburg bei den Laßberg-Zwillingen. Später kehrten sie nach England zurück.

An Philippa

Im Osten quillt das junge Licht,
Sein goldner Duft spielt auf den Wellen,
Und wie ein zartes Traumgesicht
Seh' ich ein fernes Segel schwellen;
O könnte ich, der Möwe gleich,
Umkreisen es in lust'gen Ringen!
O wäre mein der Lüfte Reich,
Mein junge lebensfrische Schwingen!

Um Dich, Philippa, spielt das Licht,
Dich hat der Morgenhauch umgeben;
Du bist ein liebes Traumgesicht
Am Horizont von meinem Leben.
Seh' deine Flagge ich so fern
Und träumerisch von Duft umflossen,
Vergessen möcht' ich dann so gern,
Daß sich mein Horizont geschlossen;

Vergessen, daß mein Abend kam,
Mein Licht verzittert Funk an Funken,
Daß Zeit mir längst die Flagge nahm,
Und meine Segel längst gesunken.
Doch können sie nicht jugendlich
Und frisch sich neben Deinen breiten,
Philippa, lieben kann ich Dich
Und segnend Deine Fahrt geleiten.

So muß ich in die Ferne rufen

So muß ich in die Ferne rufen
Mein Lebewohl an diesem Tag?
Was uns die Stunden gütig schufen,
Zerrinnt es wie der Wellenschlag?
Bleibt mir, für wenig kurze Stunden,
Nur noch der Trost, vom Felsgestein
Zu spähn, ob ich dein Dach gefunden,
Am grauen Thurm dein Fensterlein?

Ich kann und mag es nimmer denken,
Dies sei vielleicht zum letzten Mal,
Bleibst du, wenn meine Schritte lenken
Sich nieder in mein heimisch Thal?
Doch, mögen Berg' und fremde Fluren
Uns trennen, nord- und südenwärts,
Glaub mir, ich folge deinen Spuren
Und bringe Dir ein treues Herz.

„Meersburg hat wirklich etwas Zauberhaftes“

Ein Rundgang durch die Oberstadt

4.

Am schönsten ist die Ankunft in Meersburg von der Seeseite, mit der Fähre von Staad oder dem Personendampfer von Konstanz her. Schon von weitem leuchten die roten Dächer über den pastellfarbenen, sich übereinanderschichtenden Fassaden, unten die Häuserreihe der Seepromenade, darüber das beeindruckende Ensemble mit der mittelalterlichen Felsenburg und dem wuchtigen quadratischen „Dagobertsturm“, dem barocken Neuen Schloß mit seiner klar gegliederten Front daneben und der sich nach Osten anschließenden Gebäude von Staatsweingut und Seminar. Man kann eigentlich nicht verstehen, warum Gustav Schwab meinte, der „Anblick von Mörsburgs alten Stein- und Felsenmassen“ zwinge „die Seele des Wanderers zu Ernst und Nachdenken“, denn die Bauten sind harmonisch eingerahmt von Baumgruppen und Weinbergen und in eine liebliche, hügelige Landschaft gebettet.

„Es glänzt wie Meersburg“, sollen die Thurgauer in alten Zeiten gesagt haben; wenn Sonne und Wasser sich in den Scheiben spiegeln, ergibt es eine märchenhafte Szenerie – „Ist wenn er grünlich golden ruht / Mir eine sanfte Zauberflut“, heißt es in einem Gedicht der Droste über den Bodensee.

Annette von Droste-Hülshoff kam am 30. September 1841 zum ersten Mal in Meersburg an, frühmorgens mit dem Schiff von Ludwigshafen, den Überlinger See entlang, gegen Osten, mit Blick in Richtung Sonnenaufgang. Vielleicht war es ein sonniger Tag, dann wird ihr wie den meisten Besuchern das Herz aufgegangen sein: „Schau her, schau drüben in die Näh' und Weite; / Wie uns zur Seite sich der Felsen bäumt, / Als könnten wir mit Händen ihn ergreifen, / Wie uns zu Füßen das Gewässer schäumt, / Als könnten wir im Schwunge drüber streifen!"

Wahrscheinlich war kein Fernglas zur Hand, aber sie könnte ihre Lorgnette auf das Städtchen gerichtet haben, auf die Rebstöcke, die in diesem Jahr wenig, aber gute Ernte brachten. Gewiß hat sie nicht geahnt – und hätte vielleicht auch nichts davon wissen wollen –, daß sie dieses Meersburg ein paar Jahre später in einem Brief an Philippa Pearsall als „die zweite Hälfte meiner Heimat" bezeichnen und insbesondere die Balance aus Gesellschaft und Einsamkeit, Anregung und Rückzugsmöglichkeit loben würde. Der schwärmerische Ton hat freilich einen konkreten Hintergrund, denn sie möchte die Pearsalls gerne als Nachbarn bei sich haben, vielleicht sogar im Neuen Schloß, was wohl einmal als Alternative zu Schloß Wartensee im Gespräch war.

Ich rede, als säße ich schon von Neuem in Meersburg, weiß aber auch im voraus, daß meine Mutter höchstens ein Jahr lang die Trennung von meiner Schwester, und noch mehr von den beiden Kindern, aushalten wird, so betrachte ich Meersburg wie die zweite Hälfte meiner Heimath, und bin auch wirklich recht gern dort, – nicht nur, was den Aufenthalt im Schlosse anbelangte (wo mir wirklich so viele Liebe und Nachsicht mit meinen Seltsamkeiten zu Theile wird, daß es mich oft tief beschämt, und die schönsten Besserungs-Entschlüsse hervorruft, die nur leider vor meiner Trägheit und Menschenscheu immer wieder zergehn wie Schnee an der Sonne), sondern auch das Städtchen ist so angenehm, als seine Kleinheit dies irgend gestattet; man ist völlig unbelästigt, kann ganz angenehmen Umgang finden, Musick, Lecture, mehr, als man erwarten konnte, und darf auch, andrerseits, sich zurückziehn, z. B. wie ich, fast isolirt leben ohne Nachrede und piquirtes We-

sen fürchten zu dürfen – das habe ich noch anderwärts nirgends gefunden (d.h. in keiner kleinen Stadt) und muß dieses der verhältnismäßig großen Anzahl gebildeter Einwohner zuschreiben, die einen zu vollständigen Kreis bilden, als daß das Ausbleiben einer einzelnen Person sehr merklich werden könnte, und zu gut erzogen sind, als daß sie nicht jeden, der sonst friedlich und wollend scheint, seinen eigenen Weg sollten gehn lassen. Kurz! Sie würden Sich auch hier ganz wohl fühlen ... (August 1844)

Zwei knappe Jahre hatte Annette von Droste-Hülshoff zum Zeitpunkt dieses Briefes in Meersburg verbracht, Städtchen, Menschen und Landschaft kennen und schätzen gelernt, und sie sollte die Reise – die „Schweizerreise“, wie sie immer sagte – noch ein weiteres Mal unternehmen. Aber 1841 hatte sie eigentlich gar nicht an den Bodensee reisen wollen und an August von Haxthausen, ihren jüngsten Stiefonkel, geschrieben:

Ich bin eine Stockmünsterländerinn, und finde den münsterischen Mond bedeutend gelber als den schweizer, – zudem gab es in Eppishausen doch noch Freyheit und grüne Bäume, in Meersburg haben sie sich aber selbst einen Klotz an den Fuß gelegt, durch ihren Verkehr mit den Honoratioren, und der größte Baum steht im Kübel und heißt Citrus Linæi – Mama hat leider der Jenny ganz ungebeten versprochen, daß ich auf den Winter hin solle [...], und ich suche fortwährend nach einem Jesuitenmäntelchen um vorbey zu kommen. (Juli 1841)

Ihrer Schwester Jenny gegenüber führte sie finanzielle Gründe an: „Es ist betrübt, daß das verflixte Geld so viel mit zu sprechen hat“. Gewiß, sie mußte das Reisegeld mühsam abzweigen, daneben aber diente ihr der Geldmangel gerne einmal als Vorwand, und die Mutter kommentierte nicht ganz zu Unrecht, Gemächlichkeit sei „ein Hauptzug des Karakters“. Jedenfalls wurde ihr für diesmal von Jenny das Kostgeld erlassen, und die Droste dankte: „Du bist doch ein guter Hans, daß Du so viel an mich wenden willst“.

Joseph von Laßberg hatte 1837 die alte Burg gekauft, und die Familie war im Laufe des folgenden Jahres von

Eppishausen nach Meersburg gezogen. Ursprünglich hatten sie nur ein Haus mit einem schönen Garten gesucht, und die Meersburg war ihnen eigentlich zu groß. Aber sie kam Laßbergs Mittelalterschwärmerei sehr entgegen, besaß nicht nur viele schöne Zimmer, in denen Gäste beherbergt werden konnten, sondern eine unvergleichliche Lage. „Überhaupt ist es hier doch viel besser", berichtete Jenny ihrer Schwester Annette: „die Leute sind ganz anders als die Schweizer, und fast wie bei uns die Bürger in Münster, sehr höflich, viel gebildeter als im Thurgau, nicht neugierig, aber freilich nicht so religiös als bei uns, doch gibt es hier auch viele die fast täglich zur Kirche gehen".

Vor der Abreise schien die Droste zwar noch skeptisch und konnte sich Seitenhiebe gegen die Schweizer nicht verkneifen:

Kurz es ist ein mahl so! ich reise mit! und bemühe mich der Sache die angenehmste Seite abzugewinnen, da mir doch mahl die Qual der Wahl nicht geworden ist. – auch soll der Aufenthalt in Meersburg um Vieles angenehmer seyn als der in Eppishausen, schon des einträchtigen friedlichen Wohnens unter Glaubensgenos-

sen und im Schutz geordneter Gesetze wegen, was man dort so drückend vermißte, und dann ist diesseits des Sees „das Land was meine Sprache spricht", was man drüben wahrlich nicht sagen kann, wo selbst Menschen aus den gebildeteren Ständen, z. B. die Frauen der dortigen Aerzte und Pfarrer, sich einbildeten wir sprächen englisch. (September 1841)

Doch es klingen in diesem Abschiedsbrief an Schlüter fast erwartungsvolle Töne an, jedenfalls bezüglich der Ruhe zum Arbeiten: „Ich wollte ich säße nur erst an meinem Seeufer und schrieb."

Sie wurde zu diesem ersten Aufenthalt sogar abgeholt. Jenny war im Sommer mit ihren Zwillingstöchtern zu Verwandtenbesuchen nach Münster gereist und brachte die Droste mit zurück. Von Laßberg kennen wir die letzten Stationen der Reise, die neun Tage dauerte. Über Köln und Bonn ging es mit dem Dampfschiff bis Mannheim, dann über Tübingen und Donaueschingen per Eilwagen nach Stockach. Hier nahm Laßberg die Reisenden in Empfang. Am folgenden Tag, dem 30. September, verließen sie morgens um 5 Uhr wiederum im Eilwagen Ludwigshafen, von dort ging es mit dem Dampfboot nach Meersburg, wo sie etwas nach halb acht ankamen. Warum von Stockach nach Meersburg nicht der Landweg benutzt, sondern der Überlinger See seiner Länge nach per Schiff befahren wurde? Laut Laßberg wurde nur der Reisewagen „über Land geschickt, um des widerlichen Visitiren und Eröffnens aller Koffer und Pakete enthoben zu sein".

Die Meersburger Schifflände lag zu jener Zeit noch westlich der Unterstadt, zwischen dem Gasthaus „Wilder Mann“ und dem Hotel „Schiff“, dem ehemaligen konstanzischen Chorherrenhof. Hier – wo heute während des Sommers ein Bootsverleih seinen Standort hat, und kleine Motorboote zur Insel Mainau hinüber fahren – legten seit dem Mittelalter Boote an und in der Frühzeit der Dampfschiffahrt die Passagierschiffe. Der heutige, im Osten gelegene, Meersburger Bundesbahnhafen für die Personenschiffahrt wurde erst 1853 ausgebaut, zuvor waren dort beim Gredhaus (auch Gret oder Greth), dem ehemaligen Kornspeicher und Zollhaus, lediglich Lastkähne gelöscht worden. Der Fährhafen ist natürlich noch jünger, er wurde erst in den zwanziger Jahren des 20. Jahrhunderts gebaut.

Die detaillierte Draufsicht von August Brandes vermittelt anschaulich, wie wir uns den Ortseingang um 1830 vorstellen müssen. Eine Seepromenade, die zum Flanieren verlockt, existierte noch nicht. Die Häuser standen als Teil der Stadtumfriedung direkt am Wasser und hatten weder Terrassen noch Balkone mit Blick auf den See, sondern als Wetterschutz möglichst kleine Fenster und – ihre Abtritte.

Erst 1872/73, mit dem Beginn des Fremdenverkehrs, schüttete man die Promenade auf – übrigens mit dem Aushub der Serpentinenstraße, die heute Unter- und Oberstadt verbindet – und pflanzte erst Kastanien, später die Platanen, die sommers ein dichtes grünes Laubdach bilden und im Winter ihre nackten Fäuste gen Himmel recken. Einen kurzen Blick wollen wir doch um die Ecke auf die Seepromenade werfen, wo beinahe vor jedem Haus die Tische und Stühle eines Restaurants

oder Cafés zum Verweilen einladen. Zwischen den vielen Gastronomiebetrieben, die Eis und Kuchen, Felchen und Kretzer anbieten, ist auch das Droste-Café, in dem die Dichterin im Obergeschoß auf einem Wandgemälde aus den fünfziger Jahren verewigt wurde: als biedermeierliches Fräulein, das im pastellfarbenen, pludrigen Musselinkleid, mit einem Buch in der einen, einem Sonnenschirm in der anderen Hand durch die Weinberge schlendert... Eine anrührend heitere Szene, die mit der Wirklichkeit wenig gemein hat.

Neben anderen Kunsthandwerkern fertigt unter den Platanen der Seepromenade eine Scherenschneiderin Silhouetten an – ob sie weiß, wie diffizil die Droste diese Kunst beherrschte? Ein paar ihrer gar nicht braven Scherenschnitte sind im Fürstenhäusle zu bewundern, und man kann sich vorstellen, daß sie Palmen am Wasser als Sujet für eine Ausschneidearbeit gereizt hätten. Die kamen aber erst später, in der Ära der Sommerfrischler.

Zur Droste-Zeit war Meersburg ein kleines badisches Landstädtchen mit etwa 1400 Einwohnern, die mit Weinbau, Schiffahrt und Fischfang ihren Lebensunterhalt verdienten. Dazu kam eine Reihe ehemaliger Diener und Beamte der letzten Bischöfe von Konstanz: Mit der Säkularisation 1802/03 war die Stadt an das Großherzogtum Baden gefallen und nicht länger wohlhabende fürstbischöfliche Residenz.

Es braucht schon einige Phantasie, um zu rekonstruieren, welchen Eindruck Annette von Droste-Hülshoff in diesen Herbsttagen des Jahres 1841 von Meersburg bekam.

Den Platz, der wie tausend andere in deutschen Städten heute Bismarckplatz heißt, dominierte der „Wilde Mann“, seit 1632 existierender Gasthof vor den Stadttoren für die nach Toresschluß ankommenden Reisenden. Schon damals hatte er außer der Wirtsstube und zwölf Fremdenzimmern einen Tanz- und Theatersaal sowie eine Gartenwirtschaft. 1844 war Josefa Ruderer geborene Waldvogel die Besitzerin des Hauses, und sie öffnete es im Frühjahr für die Dresdner Schauspieltruppe, über die die Droste in einem Brief schreibt:

Meersburg fängt übrigens seit Kurzem an sich heraus zu machen, wir haben ein Theater, und – denken Sie! – ein sehr gutes. – Das LOCAL ist allerdings lächerlich elend, – eine große Tanzstube im wilden Manne, (Levin kennt ihn, dem Schiffe gegenüber) wo die Schauspieler zwey Fuß über dem Boden AGIREN, und doch mit den Federbüschen die Decke fegen, – aber die (zwölf Mann starke) Truppe ist wirklich gut, und im Lustspiel sogar vorzüglich, – der DIRECTOR, Herr Wurschbauer, ein Schauspieler von Ruf, früher verhätscheltes Mitglied eines bedeutenden Theaters, (ich meine in Dresden) dem's aber wie der Geis „zu wohl im Stalle“ geworden ist, und der jetzt mit seiner Familie und einigen andern gleich freiheitsdürstenden Freunden zur Abwechslung mahl eine Art Vagabundenleben versucht. – ich denke es wird nicht lange währen, so haben sie es satt, die Besseren kriechen wieder bey ordentlichen Theatern unter, und die Andern kommen auch schon fort, denn entschieden schlecht spielt Keiner. – Gestern gaben sie den „Heurathsantrag auf Helgoland“ – ganz vortrefflich! – ihre GARDEROBE ist noch gut – die DECORATIONEN nicht störend – und sie beschränken sich auf kleine Stücke. – so habe ich, seltsamer Weise, Gelegenheit wöchentlich dreymal für 24 Kreuzer einen Komiker zu sehn, bey dessen Auftreten noch vor drey Jahren in Dresden die Preise erhöht wurden. (An Louise Schücking im März 1844)

„Dergleichen romantische Wunderlichkeiten können nur in Meersburg passieren“, meinte sie, genoß zwischen Februar und April neun Theaterbesuche und listete die aufgeführten Stücke und die Spieler fein säuberlich auf: „Ideal und Wirklich / Quasimodo / Heurath auf Helgoland / Doktor Wespe / Scheibentoni / König und Freyknecht / Geld / das Spukhaus / Larifari“. Die Schauspielertruppe war – so berichtet der Droste-Biograph

Hermann Hüffer – „nicht ohne gute Kräfte, aber ganz ohne Mittel. Annette schenkte ihnen selbst eine namhafte Summe und brachte durch eine Sammlung soviel auf, daß die Leute sich einrichten und redlich weiterbringen konnten".

Werfen wir noch einen Blick auf den steinernen Nepomuk, den die Schiffsmeister-Zunft als Schutzheiligen am Hafen aufstellte (der aber die Ablösung der Lädinen durch die Dampfschiffe und Motorfähren nicht verhindern konnte), und wenden uns dann in Richtung Norden die Steig hinauf. Bis 1846 hatte hier ein Stadttor gestanden, dann wurde es nach einer Bürgerabstimmung geschleift.

Auf der Steigstraße, der damals einzigen befahrbaren Verbindung zwischen Ober- und Unterstadt türmten sich vor den Häusern die Misthaufen. Heute stolpert man während der Saison über Postkartenständer oder Andenken und übersieht vor lauter Grills, Klausen, Torkeln, Kellern und Souvenirshops beinahe die schönen Fachwerkfassaden aus dem 18. Jahrhundert, die allerdings bis in die 1930er Jahre hinter Putz verborgen waren.

Ob die verschlossene kleine Pforte, die rechterhand die Mauer durchbricht und in den früher öffentlich zugänglichen Burggarten führte, von den Laßbergschen Familienmitgliedern benutzt wurde, ist nicht überliefert. Romantischen Gemütern wirkt sie wie das Tor in einen Märchengarten, bewacht von einem „Wilden Mann", der Meersburger Spaziergängern noch öfter begegnen wird. Die Herkunft dieser im Alpenraum verbreiteten Gestalt ist nicht ganz geklärt, einerseits trägt sie Züge eines Pan oder Waldmenschen und verweist so auf vorchristliche Mythen, andererseits fungiert sie oft – im Meersburger Stadtwappen gemeinsam mit einer Wilden Frau – als Schilderhalter, wie starke Tiere oder Heilige; sogar eine Nähe zu Christophorus wird angenommen.

Auf halber Höhe schmückt der Bärenbrunnen einen kleinen Platz, auf dem man sich, eine Eiswaffel von „Cortina" in der Hand, ein wenig ausruhen und in wenigen Sätzen die Bedeutung der „Hundertundeiner", der ältesten Bürgergesellschaft in Deutschland, erfahren kann. Die Geschichte der „Gesellschaft der 101 Bürger von Meersburg" hat zwei Wurzeln: einerseits die Trinkstuben-Gesellschaft, eine Art Zunft, die 1480 im „Bären" gegründet wurde, und andererseits eine kirchliche Bruderschaft, 1510 am Vorabend der Reformation ins Leben gerufen. Das Gasthaus „Zum Bären" war lange ihr Lokal, bis man in den großen Saal des Rathauses umzog, wo nun die beiden jährlichen Zeremonien – Abrechnung und Neujahrstrunk – stattfinden. Die Pflege des historischen Brauchtums, zu der auch ein Gottesdienst für den edlen Stifter Kaspar Miller, einen Wundarzt im Pestjahr 1635, gehört, ist bis heute reine Männersache, doch laut Statut übernimmt die Gesellschaft auch kulturelle und soziale Aufgaben.

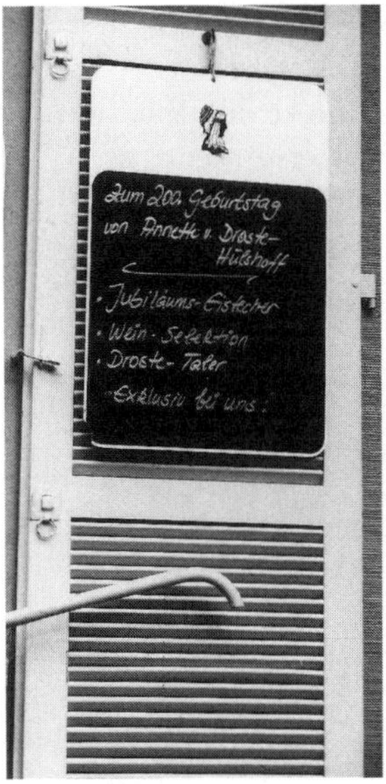

Gleich beim Bärenbrunnen führen einige Stufen oberhalb der einzigen noch erhaltenen von ehedem mehreren Mühlen, vorbei am kleinen Zeppelin-Museum und der Hof-

Apotheke, zum Eingang der Alten Burg (wer sie gleich betreten möchte, liest bei Kapitel 5 auf Seite 101 weiter). Wir wählen den bequemeren Weg, betrachten die Auslage im Café Keck, das seit dem Doppeljubiläum süße Droste-Taler anbietet und Eisbecher, die ihr bei ihrer Vorliebe für kalte Milch sogar geschmeckt hätten.

Am Haus der Bäckerei Kränkel verkündet ein Schild, hier sei der Herder Verlag gegründet worden. Jedenfalls war Steigstraße 7 für ein Jahr die Adresse, doch für eine Druckerpresse hätte das wenig später wegen Baufälligkeit abgerissene Haus zu wenig Stabilität besessen. Bartholomä Herder hatte 1801 seinen Verlag auf Drängen von Wessenberg in Meersburg gegründet, in der Unterstadt im Gebäude des früheren Gasthauses „Zum Engel“, folgte jedoch schon 1808 dem Bistum nach Freiburg, wo das Verlagsunternehmen bis heute beheimatet ist.

Etwas weiter bergauf erlebt man linkerhand eine abenteuerliche Stadtarchitektur, die „Fülle“ genannte Aufschüttung mit den Arkaden unter den Häusern. Eine steile Treppe führt hinauf zur Winzergasse, die sich gleich zum Platz erweitert. Vorsicht beim Nähern: der Schnabelgiere-Brunnen der Narrenzunft neckt neugierige Betrachter mit unvorhersehbarem Wasserspritzen.

Die Steig öffnet sich auf den Marktplatz, der von zwei alten Gasthäusern, dem „Bären“ und dem „Löwen“, und dem rotleuchtenden Obertor bestimmt wird. Es ist das Gebäude-Ensemble, das man noch vom alten 20-

Mark-Schein erinnert und ein beliebtes Fotomotiv – inzwischen auch das der Meersburger Webcam.

Eine Kalendergeschichte von Johann Peter Hebel – „Das wohlfeile Mittagessen“ – könnte hier spielen. Ein wohlgekleideter Gast verlangte vom Löwenwirt für *sein* Geld eine gute Fleischsuppe, ein Stück Rindfleisch und Gemüse, erhielt dazu sogar ein Glas Wein. Nachdem es ihm geschmeckt hatte, zog er einen abgeschliffenen Sechser aus der Tasche und sagte, er habe für keinen Taler Speise verlangt, sondern für *sein* Geld. Der Löwenwirt lachte über den Schalk, schenkte ihm das Mittagessen und dazu ein Geldstück, wenn er dasselbe seinem Nachbarn, dem Bärenwirt antue, denn sie lebten in Unfrieden und schadeten sich gerne. Der schlaue Gast nahm das Geld und sagte, schon in der Tür, beim Bärenwirt sei er bereits gewesen und der habe ihn in den „Löwen“ geschickt.

Die Inschrift am Erkertürmchen kündet von einigen Daten in der Historie des „Bären“. Wohl schon um 1250 gegründet, wird er 1510 in der Urkunde des Bischofs von Hohenlandenberg als Trinkstube der St. Anna-Bruderschaft der Gemeingesellen erwähnt und ist seither eng mit der Geschichte der „Hundertundeiner“ verbunden. Das Haus stammt aus dem Jahr 1605 und diente ab 1688 als Poststation der Thurn und Taxis’schen Reichspost, mit einigen Unterbrechungen drei Jahrhunderte lang. Es gehörte 1832–1839 der Familie des Hechtwirts Eberle, dann bis 1843 dem Bräumeister Alois Jäggle. Während der Revolutionszeit hat es wohl leergestanden, 1851 gelangte es in den Besitz der Familie Karrer-Gilowsky, die es bis heute bewirtschaftet. Seit September 1860 – so steht es in der 1861 erschienenen Meersburger Stadtgeschichte von Franz Xaver Conrad Staiger – sei der „Bären“ (wieder) „die Poststallmeisterei und der Postomnibusdienst nach Markdorf, Heiligenberg und Salem“. Außerdem besitze er im 2. Stock einen Tanzsaal mit Erker und das Museum „für die Geselligkeit“.

Zur Zeit der Droste war das Museum, das sie in ihren Briefen mehrmals, leider ohne Ortsangabe erwähnt, möglicherweise im ehemaligen Dominikanerinnenkloster untergebracht, später wohl auch im Gasthaus „Zum Schiff" in der Unterstadt. Unter Museum verstand man im frühen 19. Jahrhundert allerdings etwas ganz anderes als wir heute, nämlich die Räumlichkeiten der Lesegesellschaft, einer Art Club, in dem (meist männliche) Mitglieder durch Beitrag das Recht hatten, Zeitungen und Zeitschriften zu lesen und Bücher auszuleihen. Man traf sich zu Gespräch oder Lektüre und hatte mehr Zeitungen (u.a. die Kölnische Zeitung, die Karlsruher Zeitung, die Augsburger Allgemeine Zeitung, das Unterhaltungsblatt des Merkur und die Zeitschrift Didaskalia) zur Verfügung, als sich eine Einzelperson leisten konnte. „Laßberg ist Mitglied und geht täglich um 11 Uhr hin", heißt es an einer Stelle, an einer anderen: Schücking „geht ins Museum, wo viele Zeitschriften gehalten werden, um au courant der Litteratur und Politik zu bleiben". Daneben pflegte man in der Meersburger Lesegesellschaft (die bis 1913 existierte) die Geselligkeit mit Tanz, Theater, Konzerten und Ausflügen, so daß das von Jenny erwähnte „Cassino" vermutlich identisch mit dem Museum war.

„Ich gehe jetzt täglich ins Museum, setze mich auf deinen Stuhl am Fenster, und sehe was das Morgenblatt bringt", schrieb die Droste im Mai 1842 an Levin Schücking. Die Lektüre des bei Cotta in Stuttgart erscheinenden „Morgenblatt für gebildete Leser" war ihr verständlicherweise wichtig:

Ferner fand ich im Morgenblatt mein Gedicht an Junkmann, was sich ganz gut macht, – und dann füttert es seit 10–12 Tagen sein Publikum so unbarmherzig mit meiner Erzählung (von Hauff „die Judenbuche" getauft) daß alle Dichter, die sich gedruckt sehen möchten mich verwünschen müssen, denn ich und noch ein andrer Prosaist haben vorläufig das Blatt unter uns getheilt, und werden wohl in diesem ganzen Monat auch nicht ein fremdes Hälmchen aufkommen lassen. Ich finde daß sich meine gedruckte Prosa recht gut macht, besser und origineller wie die Poesie, aber anders wie ich mir gedacht, und dein früheres Urtheil hat sich, im Gegensatz zu dem meinigen, bestätigt. – der Dialog (dem ich jetzt einsehe durch Betonung beym Vorlesen sehr nachgeholfen zu haben) ist gut, aber doch unter meiner Erwartung und keineswegs außerordentlich – dagegen meine eignen Gedanken und Wendungen, im erzählenden Style, weit origineller und frappanter als ich sie früher angeschlagen, und ich hoffe darin, mit einiger Uebung bald den Besten gleich zu stehn – wenigstens nach meinem Geschmacke, der freylich immer ein Privatgeschmack bleibt, aber übrigens mir nicht schmeichelt, und nur mit dem zufrieden seyn wird, was ihn auch bey Andern völlig befriedigen würde.

Sie las ganz genau, konnte schäumen, weil man ihr ein paar Zeilen aus der *Judenbuche* gestrichen hatte, sich im Gegenteil unbändig freuen, wenn sie unvermutet ein Gedicht von sich oder Levin Schücking entdeckte, und sich ordentlich genieren, als sein Gedicht auf die Meersburg mit ihrem Einverständnis um die Laßberg und Uhland preisenden Passagen gekürzt erschien, und sie plötzlich deren Enttäuschung bedachte. Sie bedauerte, daß das „Morgenblatt" nur bis zum Schluß des Monats auslag, dann geheftet und fortan nur im Lesezirkel, also untereinander verliehen und monatelang nicht zu erhalten war. In Münster war es dann noch schwieriger, regelmäßig das „Morgenblatt" zu bekommen.

Zwischen den Gasthäusern „Zum Bären" und „Zum Löwen" hindurch kommt man geradewegs zum Obertor, wo ein Schild früher eine wichtige Handelsstraße zwischen Konstanz, Ravensburg und Ulm und Goethes Durchritt anzeigte: „Am 10. Juni 1788 fuhr Goethe auf der Heimreise von Rom nach Weimar durch dieses Tor" – eine hübsche Vorstellung, aber nicht belegt.

Gegenüber dem Obertor stand, bis zum Ausbau der Bundesstraße 1971, das Wirtshaus „Traube", in dem das Ehepaar Schücking bei seinem Besuch im Mai 1844 Quartier nahm. Die Droste empfahl es als „klein aber reinlich und billig", die niedrigen Zimmer möbliert mit guten neuen Betten. Es gab nur Frühstück und Tee am Abend, zum Mittagessen sollten sie in den „Löwen" gehen. Auch dort konnte man in diesen Jahren – wie sie ihrer Freundin Elise Rüdiger schrieb, „sehr billig wohnen, da die Lage am See die meisten Leute ins Schiff lockt, und der Löwe deshalb etwas einsam brüllt, obwohl sich's in seiner Höhle recht gut seyn läßt".

In wenigen Minuten erreicht man von hier das Fürstenhäusle (unter der Unterführung durch, dann rechts, ein kurzes Stück die Stettener Straße entlang und links die Stufen hinauf, beziehungsweise in Kapitel 6 auf Seite 129), aber wir verweilen noch eine Weile innerhalb der Stadtmauern.

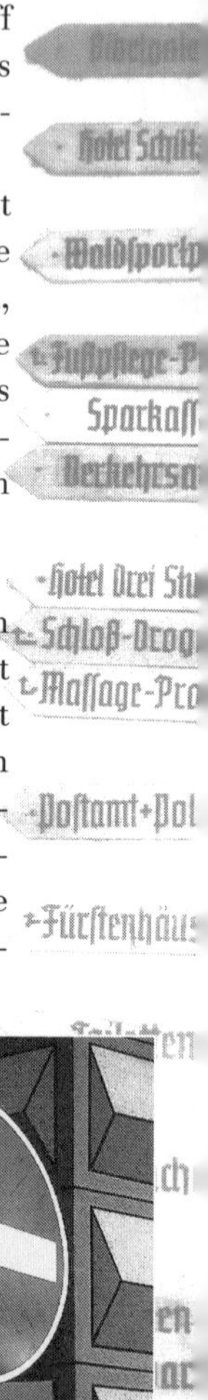

Vom Marktplatz – wo früher dreimal jährlich ein Jahrmarkt gastierte, heute freitags der Wochenmarkt und in der Adventszeit der Weihnachtsmarkt stattfindet – führt die Kirchstraße den Berg hinauf zur katholischen Pfarrkirche. Sie stammt aus dem Jahr 1833, steht allerdings auf dem Grund einer Kirche aus dem 13. Jahrhundert. Die Droste besuchte hier Messen und hörte Predigten des Stadtpfarrers Joseph Hain, der ihr die Sakramente spendete und sie beerdigt hat. Gegenüber der Kirche, direkt am Stadtgraben, steht der ehemalige Pfarrhof, der zusammen mit dem Mesnerhaus in der Winzergasse Meersburgs ältestes Wohnhaus bildet.

Ebenfalls aus den Jahren um 1300 stammen die Grundmauern des ehemaligen Dominikanerinnen-Klosters, das 1709 sein barockes Aussehen erhielt und nach einer umfassenden Sanierung seit 1988 das Verkehrsamt, das Stadtmuseum, die

Stadtbücherei und mit dem Klosterkeller eine Veranstaltungsstätte beherbergt. Gegründet als Frauenkloster zum Heiligen Kreuz, lebten die Ordensfrauen von Weinbau und Weinhandel und verrichteten soziale Dienste. 1784 übernahmen sie den Mädchenunterricht. 1809 wurde das Kloster infolge der Säkularisation aufgehoben und seine Besitztümer verkauft. 1816 richtete Stadtrat Karl Faber in der Klosterkapelle eine Bierbrauerei ein, die jedoch bald Pleite ging. Möglicherweise war in diesen Jahren hier sogar das Museum, respektive die Lesegesellschaft untergebracht, wo die Droste ein- und ausging. Sie besuchte – das ist immerhin verbürgt – die Oberin und die drei Lehrschwestern der 1808–1862 dort untergebrachten Mädchenschule und beschreibt die aus dem Kloster Zoffingen in Konstanz stammenden Dominikanerinnen als „zwar etwas prosaische aber recht gescheite und unterrichtete Klosterfrauen", die ihr „einen ganz brauchbaren Umgang gewähren können".

An dem vor einigen Jahren angelegten Klostergarten mit seinen 24 Pflanzenarten hätte die Droste gewiß ihre Freude gehabt: seine Anlage geht auf eine alte Tradition, den Kräutergarten des Reichenauer Dichtermönches und Abts Walahfrid Strabo zurück, wie er ihn in seinem „Hortulus" um 845 beschrieb. Einen Vorgänger gab es in Meersburg bereits, und zwar im erwähnten Burggarten, der auf Hochbeeten mit Gewürzen und Heilkräutern bepflanzt war.

Wir bleiben im Stadtkern, gehen an den „Drei Stuben" vorbei zurück zum Marktplatz – wo einst vor der heutigen Volksbank der Pranger stand –, unter dem Rathausbogen, dem ehemaligen Falbentor, hindurch, an dessen Mauer man einmal eine Vielzahl hölzerner Wegweiser in Ruhe studieren kann.

Die Treppe – darüber das Stadtwappen mit Wildem Mann und Wilder Frau – führt ins Rathaus, das bereits 1438 in seiner heutigen Größe stand. Zu Drostes Zeiten (und später noch einmal bis 1911/12) fanden im alten fürstbischöflichen Theatersaal im 3. Stock unter großem Andrang wirkliche Theateraufführungen statt, und zwar agierten Meersburger Bürger in Stücken von Kotzebue und anderen Autoren der Zeit als Laien-Schauspieler: deshalb „Liebhabertheater".

„Meinen Sie wir lebten hier wie in der Wildniß? haben wir nicht ein Liebhaber-Theater, was neulich den ‚Wildfang' aufführte?" schrieb die Droste im Dezember an Elise Rüdiger. Ihrer Mutter schildert sie es wenige Wochen später detailliert, leider durch zahlreiche Lücken im Manuskript schwer lesbar:

Nun muß ich Dir noch sagen, daß wir jetzt hier ein BRILLANTES Liebhabertheater haben, und schon zweymahl gespielt worden ist, zuerst um Neujahr, der Wildfang, dann am vorigen Montage, das Alpenröschen – die ersten Liebhaber sind, Lina Honstetter (Burgemeisters Tochter) und ein gewisser G. [... | Bey [...] Gewandtheit, wie gemachte Schauspieler, nur war sie in der zweyten Rolle gar zu naiv [...] doch auch etwas zu häßlich für „ein Alpenröslein" – sehr gut und wirklich [...] Herr [...] komischen Rollen, und die Schwester der ZOLLCONTROLEURINN als böse Frau [...] machte in [...] einen Landjunker, zuerst einen alten, dann einen jungen, – ganz vortrefflich, [...] – dann spielten noch Herr Vogel, zuerst als Invalide, dann einen Sekretair, – [...] Apotheker, einen Bedienten, auch gut, – Scheppe, einen Unteroffizier, mittelmäßig – die [...] kennst du glaube ich nicht. – die DECORATIONEN sind ganz hübsch – ein Garten mit Illuminationen, eine Schweizer Gegend, ein Kirchhof, ein paar hübsche Zimmer, – Gewitter – Sonnenaufgang – Alles ganz ordentlich, fast wie in Münster. – ein ganz artiges ORCHESTER von sechzehn Personen, die in den Zwischenackten OUVERTUREN aufführten, aus JEAN DE PARIS, der Schweizerfamilie, FIGARO. ET CET. – der Preis 24 Kreuzer – das LOCAL der Rathhaussaal – gedrängt voll, da Alles aus der Umgegend zuströmte ...
(Januar 1842)

Was sie hier so genau beschreibt, ist das Bühnenbild des Schauspiels „Das Alpenröslein oder das Patent und der Shawl" von Franz Ignatz von Holbein, das von der Liebe zwischen dem Grafen Werdenburg und dem Schweizermädchen Liesli handelt. Details der Dekorationen wie Garten oder Kirchhof und die Übernahme einiger Regieanweisungen beweisen, daß ihr Gedicht „Das Liebhabertheater" durch den Besuch der Aufführung am 23. Januar 1842 im Meersburger Liebhabertheater inspiriert wurde: In der ersten Strophe bezieht es sich auf Lieslis Schmücken der Eremitenklause mit Blumenkränzen, in der zweiten auf das Kennenlernen des Liebespaares bei Sonnenaufgang auf dem Kirchhof, und das Gewitter, mit dem das Stück endet, wählte sie als Stimmung für den Anfang des Gedichts.

Doch die Tage des Theaters waren gezählt, im April 1842 fand die letzte Aufführung statt, wie die Droste Levin Schücking schreibt: „Unser Liebhabertheater hat um Ostern seine letzte Darstellung – Till Eulenspiegel – gegeben, wo Herr Grimm zum letzten mahle als Till alle Herzen bezaubert, dann Jennyn seine Nachtigall verkauft hat, und am folgenden Tage auf den Thränen aller Meersburgerinnen nach Karlsruhe geschwommen ist, wo ihn weniger Ruhm aber ein hübsches Aemtchen erwartet, was er leider keine unserer schönen Damen eingeladen hat mit ihm zu genießen."

Das Liebhabertheater

Meinst du, wir hätten jetzt Decemberschnee?
Noch eben stand ich vor dem schönsten Hain,
So grün und kräftig sah ich keinen je.
Die Windsbraut fuhr, der Donner knallte drein,
Und seine Zweige trotzten wie gegossen,
Gleich an des Parkes Thor ein Häuschen stand,
Mit Kränzen war geschmückt die schlichte Wand,
Die haben nicht gezittert vor den Schlossen,
Das nenn' ich Kränze doch und einen Hain.

Und denkst du wohl, wir hätten finstre Nacht?
Des Morgens Gluten wallten eben noch,

Rothglühend, wie des Lavastromes Macht
Hernieder knistert von Vesuves Joch;
Nie sah so prächtig man Auroren ziehen!
An unsre Augen schlugen wir die Hand,
Und dachten schier, der Felsen steh' in Brand,
Die Hirten sahn wir wie Dämone glühen;
Das nenn' ich einen Sonnenaufgang doch!

Und sprichst du unsres Landes Nymphen Hohn?
Noch eben schlüpfte durch des Forstes Hau
Ein Mädchen, voll und sinnig wie der Mohn,
Gewiß, sie war die allerschönste Frau!
Ihr weißes Händchen hielt den blanken Spaten,
Der kleine Fuß, in Zwickelstrumpf und Schuh,
Hob sich so schwebend, trat so zierlich zu,
Und hör', ich will es dir nur gleich verrathen,
Der schönen Clara glich sie ganz genau.

Und sagst du, diese habe mein gelacht?
O hättest du sie heute nur gesehn,
Wie schlau sie meine Blicke hat bewacht,
Wie zärtlich konnte ihre Augen drehn,
Und welche süße Worte ihr entquollen!
Recht wo ich stand, dorthin hat sie geweint:
„Mein theures Herz, mein Leben, einz'ger Freund!"
Das schien ihr von den Lippen nur zu rollen.
War das nicht richtig angebracht, und schön?

Doch Eins nur, Eines noch verhehlt' ich dir,
Und fürchte sehr, es trage wenig ein;
Der Wald war brettern und der Kranz Papier,
Das Morgenroth Bengalens Feuerschein,
Und als sie ließ so süße Worte wandern,
Ach, ob sie gleich dabei mich angeblickt,
Der dicht an das Orchester war gerückt,
Doch fürcht' ich fast, sie galten einem Andern!
Was meinst du, sollte das wohl möglich seyn?

Gleich hinter dem Rathaus steht der Obere Schussenrieder Hof, zwischen 1498 und 1803 Wirtschaftshof des Klosters Schussenried (in der Unterstadt gab es ebenfalls einen). 1860 wurde das Gebäude, das eine zeitlang auch Poststation war, vom Spitalfond erworben und ein Krankenhaus darin eingerichtet. Heute beherbergt es das Dr. Zimmermann-Stift, ein Alters- und Pflegeheim. Bis in unser Jahrhundert stand davor das städtische Backhaus, gegenüber zwischen 1500 und 1910 neben dem Oberbrunnen die Metzge, das städtische Schlachthaus, von dort floß der Bach die Höllgasse entlang, zwischen Häusern hindurch und unter der Stadtmauer zur Burgmühle.

1843 war der Obere Schussenrieder Hof im Erdgeschoß von der Familie des Spitalmeisters Christian Hibschenberger bewohnt, die obere Etage war zu vermieten. Eine mit einem Vetter der Droste verheiratete Verwandte, Pauline von Droste-Hülshoff geborene von und zur Mühlen, die in Bonn lebte, plante mit ihrer Tochter Betty einen ein- bis anderthalbjährigen Aufenthalt in Meersburg. In einem langen Brief vom 22. Oktober 1843 schildert ihr Annette von Droste-Hülshoff den Schussenrieder Hof und ein anderes Haus als mögliches Quartier. Wir besitzen damit nicht nur ein anschauliches Dokument über den Zustand der Bauten und die Lebensverhältnisse der Bewohner, sondern er zeigt die Droste als Frau mit praktischen Fähigkeiten: Sie kümmerte sich um Mobiliar, erkundigte sich wegen Unterrichts für Betty und bewies genaue Kenntnisse der Lebensmittelpreise. Daneben ist ihre Bewertung der beiden Unterkünfte unter dem Blickwinkel der sozialen Kontrolle aufschlußreich… Übrigens antwortete Pauline weder auf den Brief, noch kam sie nach Meersburg.

Da sich das [Neue] Schloß nun außerdem, bey genauerer Ueberlegung, wegen seiner allzu großen Räume, als unbequem für eine kleine Haushaltung auswies, namentlich die Zimmer kaum zu heizen und der Weg bis zur Küche eine halbe Reise war, so habe ich diesen Plan ohne Weiteres fallen lassen, habe aber nun zwey andre Quartiere im Auge, worüber ich Dir das Nähere mittheilen will. – Das Eine heißt der Schussenriether Hof, ist ein großes schönes Gebäude, der Eigenthümer ein gemeiner Winzer, und bewohnt mit Frau und ein paar 8 – 9 jährigen Kindern den untern Stock, – der Obere ist zu vermiethen, enthält neun sehr hübsche Zimmer, von angenehmer Größe, eine Küche und einen eignen Abtritt, – der Gang an dem die Zimmer liegen ist breit und hell, die hinaufführende Treppe ebenfalls breit und schön, die Aussicht von einigen Zimmern auf den See, und von den übrigen recht hübsch in die Weinberge und sonstige Umgebung, da das Haus in der Stadtmauer liegt, was auch noch den Vortheil hat, daß man von der ENTRÈE durch einen zweyten, freylich nicht schönen aber doch brauchbaren Ausgang (durchs Kelterhaus) gleich ins Freye treten kann, ohne die Stadt zu berühren. – Der frühere Bewohner (Oberlehrer Flink) sagt mir, daß sich alle Gemächer sehr gut heizten, überall das Quartier sehr angenehm sey, und er es nicht würde verlassen haben, wenn sich ihm nicht eine Wohnung im Seminar selbst gebothen hätte, auch lobt er die Hausbewohner, als Leute voll guten Willens, – soweit wäre Alles gut, aber nun kömmt auch einiges Unbequeme. – vorerst ist die Küche sehr dunkel, fast wie eine Art großen Alkovens, der kein Fenster ins Freye, sondern nur Eins nach dem Gange hat, – diesem Uebelstande will der Besitzer jedoch dadurch abhelfen, daß er dieses Fenster bedeutend vergrößern, und an der andern Seite des Heerdes eine zweyte Thür mit Glasfenster machen lassen will, die in ein kleines Zimmer führt, dessen Fenster dem Glasfenster grade gegenüber ist, so meint Er und auch Andre würde die Küche zwar nicht sehr hell werden aber doch hinlängliches Licht zum bequemen Gebrauch erhalten, – Ferner ist der Eingang durch den mit einem Thore geschlossenen Vorhof und den unteren Stock unangenehm, d.h. an sich sehr hübsch, aber unsauber und unordentlich gehalten, im Hofe liegen Holzstämme und ein mächtiger Misthaufen, und in der Vorhalle und ENTRÈE liegt und steht das Wirthschaftsgeräthe der Hausbewohner, Kübel, Spaten, ET CET umher. Herr Flink meint zwar, diese Leute, die gutmüthig und sehr beflissen seyen ihr großes Quartier zu vermiethen, würden, sobald man es verlange, bereitwillig aufräumen, und nach ihrer besten Ansicht Ordnung und Reinlichkeit herstellen, von der ich aber freylich nicht weiß ob sie deiner Ansicht genügen würde, denn was solchen Leuten Sauberkeit scheint kömmt uns oft ganz anders vor. – namentlich zweifle ich, daß der Düngerhaufen würde zu entfernen seyn, da diese Leute doch nothwendig durch das ganze Jahr Dünger für ihren Weinberg machen müssen, und ich selbst nicht einsehe wohin anders sie ihn verlegen könnten. –

Der Miethpreis für ein halbes Jahr würde (nachdem die Küche erhellt worden) 60 Gulden machen, nach unserm Gelde 34 Thaler 30 Kreuzer, – Herr Flink hat es viel billiger gehabt, weil er es für dauernde Zeit gemiethet hatte, – könntest Du Dich entschließen länger zu bleiben, etwa ein ganzes oder anderthalb Jahre, so würdest Du es auch billiger haben, doch scheint mir auch so der Preis nicht hoch. – Nun zu dem zweyten Quartiere. – dieses steht eigentlich nicht zu vermiethen, aber der Besitzer (Spitalverwalter Waldschütz) will sich, als guter Bekannter Laßbergs, für dieses Mahl dazu entschließen, wenn es Dir besser ansteht wie das andre, – diese Waldschützen sind keine hochgebildete aber sehr anständige und brave Leute, ungefähr wie Ostlers, sie leben sehr eingezogen, haben ein einziges achtjähriges Töchterchen, dem sie ihre ganze Sorgfalt widmen, und was mit keinen andern Kindern spielen darf, außer mit Jennys Zwillingen, so wie diese auch keinen andern Spielkameraden haben dürfen als dieses artige Kind. – dieses Quartier hat den Vorzug größerer Ruhe und außerordentlicher Reinlichkeit auch im untern Stock und Eingange, sonst ist es, obwohl recht anständig, doch nicht so groß und hübsch wie das andre, – es begreift den obern Stock, enthaltend fünf oder sechs Zimmer von verschiedener Größe, eine Küche, und einen Abtritt, die Aussicht geht nicht auf den See, aber sehr hübsch in die Umgegend, – es liegt ganz nahe am Thor, und ist etwas weiter von unserer Wohnung wie das andre, was nur durch einen freyen Platz (den Schloßplatz) von uns getrennt liegt – hier stößt sich die Sache daran, daß diese äußerst reinlichen Leute glauben die Zimmer seyen nicht in gehörigem Zustande, sie meinen die Fensterladen müßten neu angestrichen, und die Oefen verschmiert werden, auch mit dem Fußboden des einen Zimmers der etwas fleckigt ist sind sie verlegen, und mögen doch keine Kosten anwenden, da sie nur eine geringe Einnahme haben, und die Zimmer nie wieder zu vermiethen gedenken, auch behaupten sie nur zwey der Zimmer heizten sich gut, die andern aber schwer, – die Hauptverlegenheit aber ist, daß sie das Quartier schon Mehreren in der Stadt abgeschlagen haben, die sie jetzt zu beleidigen fürchten, weshalb sie auf den sonderbaren Einfall gerathen sind, es Dir nicht zu vermiethen, sondern umsonst zum Gebrauch anzubiethen, wo du dann nach Belieben darin anstreichen und verbessern lassen könntest. Dieses wäre aber ein sehr unangenehmes Verhältniß, und Du würdest, um sie einigermaßen zu entschädigen, allerley Verbesserungen machen, vielleicht gar Eins der Zimmer neu tapezieren lassen müssen, was sowohl unnöthig als für Dich höchst lästig wäre. – die Rüdiger, welche das Quartier mit mir besah, meint, für einen nicht dauernden Aufenthalt, und wo Du doch schwerlich Gesellschaften geben würdest, wäre Alles hinlänglich gut im Stande. – Ich zweifle auch nicht, daß Waldschützen sich am Ende doch zur Annahme einer Miethe entschließen würden, nur kann ich jetzt nicht erfahren wie viel sie machen würde, doch wird diese jedenfalls nicht unbillig seyn. – Es kömmt nun darauf an, ob Du lieber bey geringen Leuten wohnst, um die Du Dich aber gar nicht zu GENIREN brauchst, oder bey Gebildeten und sehr akkuraten, mit denen Du aber

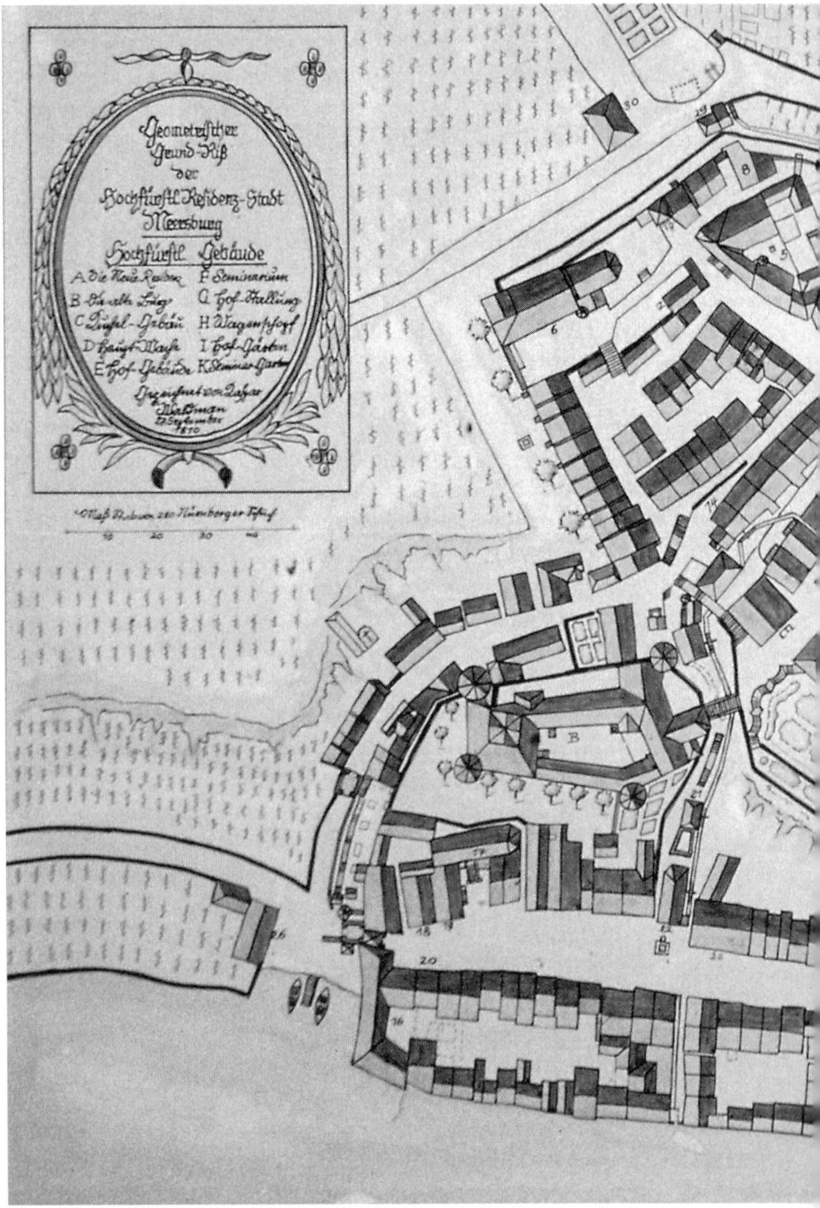
Geometrischer
Grund-Riß
der
Hochfürstl. Residenz-Stadt
Meersburg
Hochfürstl. Gebäude
F Seminarium
H Wagenschopf
I Hof-Gärten
E Hof-Gebäude
K Seminar-Garten

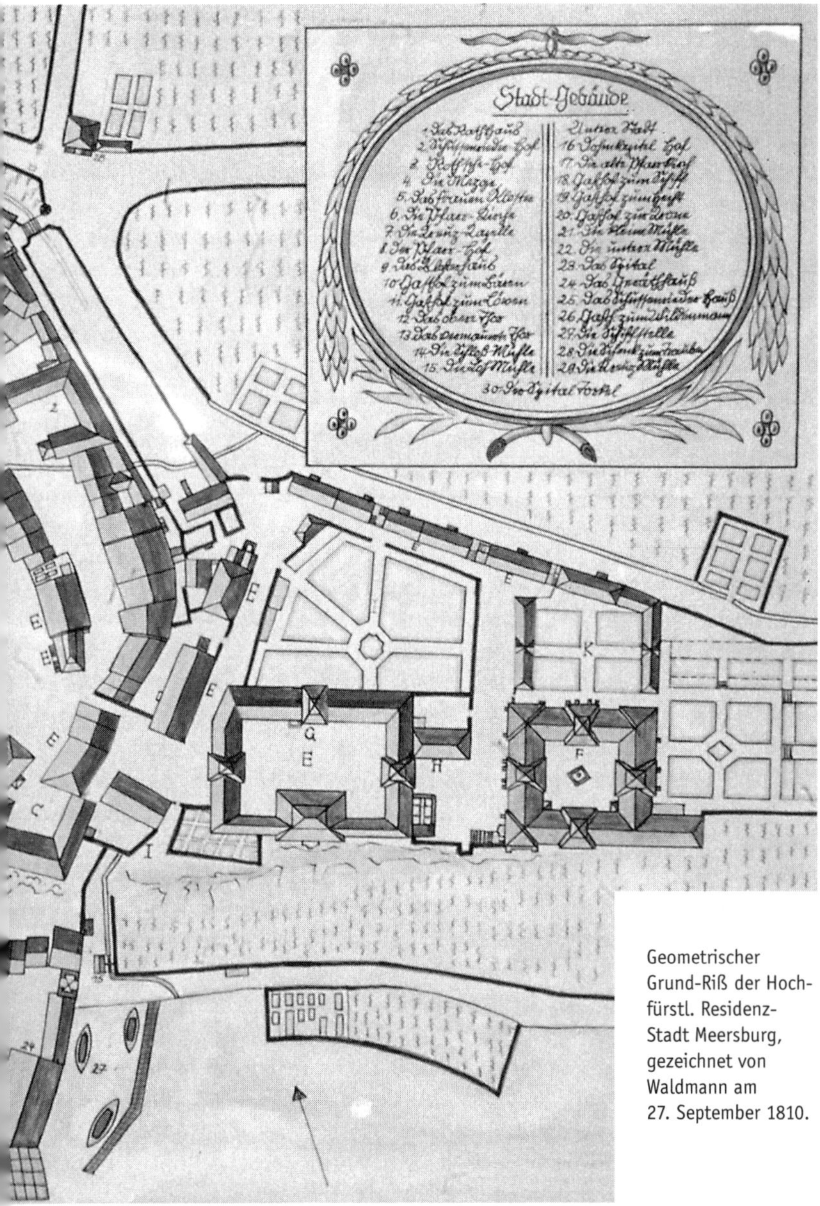

Geometrischer Grund-Riß der Hochfürstl. Residenz-Stadt Meersburg, gezeichnet von Waldmann am 27. September 1810.

viel mehr Rücksichten zu nehmen hättest. – Nun zu den MEUBLES (denn beyde Quartiere sind unMEUBLIRT) – ich habe deshalb nach CONSTANZ geschrieben, und nach langem Warten die Antwort erhalten „eigentliche Meublevermiether gebe es dort nicht, doch würde sich ein Schreiner dort leicht entschließen, sobald Du ihm eine Liste des Verlangten schicktest, dieses herzustellen, und Dir zu vermiethen". Dieses schien mir zu weitläufig, da Alles über den See muß hergeschafft werden, und zudem kein Miethpreis bemerkt war. Ich gieng deshalb zu einem recht guten Schreiner hier im Orte, der schon manches MEUBLE fertig hat, und das Uebrige mit seinen Gesellen bald herschaffen kann, Dieser verlangte zu wissen was du brauchtest, – ich nannte vorläufig drey Bettstellen, zwey Dutzend Stühle, ein Kanapee, einige Tische, einen Schrank, eine oder zwey Kommoden – hierfür verlangte er für ein halbes Jahr etwa elf Thaler Miethe, – hiernach kannst Du nun berechnen, was diejenigen Stücke, die Du etwa noch zusetzen würdest, mehr machen – über 15 Thaler kann das Ganze nicht wohl kommen, – für das Zerbrochene oder durch Flecken gradezu Verdorbene müßte jedoch einiger Ersatz geleistet werden – Betten, meint Jenny, brächtest Du am Besten mit; In einer großen Tonne lasse sich Vieles verpacken, und komme durch SPEDITION nicht hoch – Töpfergeräthe ist hier sehr billig – Leider habe ich vergessen mich in Constanz nach einem guten Claviere zu erkundigen, doch meint Jenny dieses werde keine Schwierigkeit finden, deren seyen überall zu vermiethen, sowohl in Constanz wie St. Gallen. – [...] Wegen der Lebensmittel stehts in diesem Jahre ungewöhnlich schlimm, es ist große Theurung im Lande, doch glaube ich noch immer Alles nicht theurer wie in Bonn, ich will es Dir so ungefähr in preußischem Gelde herrechnen. – alle mahl wieviel man für einen preußischen Thaler bekömmt. – Rindfleisch, etwas über 9 Pfund. – Kalbfleisch, Schweinefleisch, Schaaffleisch, 10 Pfund – Brod (Weizenbrod, anderes giebts nicht) etwas über 17 Pfund. – Butter, nicht ganz 4 1/2 Pfund – eingeschmolzene Butter, (wie man sie hier in Töpfen zum Kochen aufbewahrt) 3 1/2 Pfund – Schweineschmalz (ist schwer zu haben) nicht ganz 4 1/2 Pfund – Blumenkohl, 21 Köpfe. – Kartoffeln nicht ganz 3 Scheffel. – grüner Kabs, 42 Köpfe. – weißer Kabs zum Sauerkraut (gräulich theuer) das Hundert etwas über 5 Thaler. – Kohlrabywurzeln, 84. – große weiße Rüben, 84. – Aepfel und Birnen, 1 3/4 Scheffel. – Mehl zum Kochen, das Scheffel 3 Thaler 9 Silbergroschen – weiße Seife zum Waschen (braune kennt man nicht) 5 1/2 Pfund – Nun das Brennholz. – Tannen, die Klafter etwas über 5 Thaler – Buchen 8 Thaler. – Steinkohlen hat man hier nicht, und der Torf ist in diesem Jahre durch die anhaltende Nässe gänzlich unbrauchbar geworden – Die Milch kostet die Maaß einen guten Groschen, Wein wächst hier bey der Stadt sehr guter, und ist deshalb wohlfeil, – von den besten Jahrgängen, die vortrefflich sind, fast wie spanischer Wein, die Flasche 6 1/2

Silbergroschen – von den gewöhnlichen Jahren, 3 gute Groschen. – Talglichter (sehr gute) beynahe 5 Pfund – für einen Thaler Brennöl, 8 3/4 Maaß, – Salatöl fast 4 Maaß, Ich habe Dir jetzt, liebstes Päulchen, so gut ich konnte Alles aufgeschrieben, und hoffe nichts Hauptsächliches vergessen zu haben, – die Geldrechnung geht hier nach Gulden und Kreuzern, 60 Kreuzer machen einen Gulden, und 105 Kreuzer (1 Gulden 45 Kreuzer) wird unser preußischer Thaler hier angenommen.

Bevor man die Vorburggasse betritt, kann man einen Blick auf das Fürstenhäusle werfen, wie es da oben auf dem Hindelberg thront, und rechts in die Sentenhartstraße schauen, in das beinahe geschlossen erhaltene Ensemble einer barocken Dienervorstadt. Die Gasse gehörte als Vorburg zum ältesten Teil Meersburgs, von der Bausubstanz her ist sie allerdings jünger, da bei einem Brand 1605 über zwanzig Häuser den Flammen zum Opfer fielen. Angeblich war das Feuer vom Haus 4, dem heutigen „Becher", ausgegangen, weshalb das benachbarte Sträßchen Höllgasse heißen soll.

Die Häuser der Vorburggasse sind stattlich und erst in jüngster Zeit saniert worden: Im Haus 13 sind Kulturamt und Stadtarchiv untergebracht, daneben liegt seit 1958 das Weinbaumuseum, in dem das 50 000 Liter fassende „Türkenfaß" von 1816 und der „Heiliggeisttorkel" von 1607 gezeigt werden. In diesem Haus (Nummer 11), das der Stadt gehörte und ihm von seinem Schwager, dem Bürgermeister, zur Verfügung gestellt war, starb am 5. März 1815 Franz Anton Mesmer. Gewohnt hat er hier nur einige Monate, seit Ende des Jahres 1814, aber die Meersburger sollen den alten gütigen Herrn, wenn er täglich mit seiner Kutsche ausfuhr, bewundert haben. Vermutlich aus respektvoller Distanz, schließlich ging er nicht einmal zur Kirche. Der 1734 in Iznang auf der Höri geborene Mesmer ist eine der schillerndsten Gestalten der europäischen Kulturgeschichte: als Begründer der Lehre vom tierischen (oder animalischen) Magnetismus, als Arzt, dessen Heilmethoden über Suggestion und Hypnose Auswirkungen auf die analytische Psychologie und Psychoanalyse haben sollten, als Magier vom Bodensee, auf den Spiritismus und Okkultismus zurückgehen. Seine späteren Schriften enthalten, geprägt durch Erfahrungen im Paris der Revolution, eine komplette Staatslehre und beeinflußten Philosophie, Kunst, Religion und Politik seiner Zeit. Dieses abenteuerliche Leben und Wirken lohnt eine intensive Beschäftigung. Erwähnt sei hier nur noch, daß Justinus Kerner, als er 1854 an seinem Buch über Mesmer arbeitete und in Meersburg Erkundigungen einzog, wie bei seinem ersten Aufenthalt 1850 bei Joseph von Laßberg in der alten Burg wohnte. Eine seiner Informantinnen war Theresia Trost, die als Magd bei Mesmer gedient hatte, bevor sie den Küfermeister Theodor Brodmann heiratete. Das Paar lebte in der Höllgasse, in der „Trinkstube der Meierschaft" – seit 1886 „Winzerstube Zum Becher" –, wo sich seit 1524 Stadtvogt, Stadtammann, Ratsmitglieder, Pfleger und führende Bürger zum politischen Meinungsaustausch trafen. Es ist nicht überliefert, aber durchaus wahrscheinlich, daß die Droste von Mesmers Wirken gehört und sich dazu geäußert hat, denn sicher hätte sie sich sehr dafür interessiert! Darüber läßt sich trefflich bei einem Viertel Meersburger Wein sinnieren, den auch der berühmte Munkepunke (das ist Alfred Richard Meyer) im „Becher" zu trinken pflegte. Jedenfalls fühlte er sich als Nachfolger des hier „geschoppt, geschöppelt habenden Dr. Franz Anton Mesmer" und komponierte eine „vinolente Fuge" über seine Erfahrungen mit „Meersburger Burgunder" in dem gleichnamigen Bändchen.

Im großen Nebenzimmer, das der Bildhauer Joseph Ehinger ausgestaltete, wurden in den frühen 1930er

Jahren Fenster für vier Meersburger Berühmtheiten in Bleiverglasung angebracht: Droste, Laßberg, Mesmer und Lochner. Die drei ersten sind Zugezogene, und ob der berühmte Maler und Vertreter der „Kölner Schule", Stefan Lochner, aus Meersburg stammt, ist umstritten: In Hagnau läßt sich jedoch seit Anfang des 15. Jahrhunderts eine Familie Lochner belegen, und der Kölner Rat bat in einem erhaltenen Schreiben an die Stadt Meersburg, den Nachlaß der Eltern Stefan Lochners zu verwahren. Dieser starb im Pestjahr 1452, bevor er sein Eigentum abholen konnte.

An beiden Enden mündet die Höllgasse auf den dreieckigen Schloßplatz – der wiewohl offen und weitgehend leer – fast zu klein wirkt für das Neue Schloß. Immerhin hat man die Bäume von der Mitte an die Seiten versetzt, seither kommt die Stadtfassade mit dem Treppenhausvorbau besser zur Geltung. Die Baugeschichte erfahren Interessierte bei einer Besichtigung des Gebäudes, sie sei hier nur kurz gestreift. Zu Beginn des 18. Jahrhunderts genügte die Alte Burg dem barocken Repräsentationsbedürfnis und auch den Anforderungen an die moderne Verwaltung eines Hochstifts nicht mehr, so daß der Fürstbischof Johann Franz Schenk von Stauffenberg mit der Planung des Neuen Schlosses begann, Kern eines Ensembles mit Reit- und Stallhof, Priesterseminar, Palais, Dienstwohnungen, Höfen, Gärten und Plätzen. Bis heute beeindruckt die Großzügigkeit der Anlage, für die eigentlich auf den Felsen kaum Platz war. Der erste, geniale Entwurf mit der Ausrichtung der Mittelachse exakt auf den Konstanzer Münsterturm, stammte von Johann Christoph Gessinger, der sich nach Fertigstellung des Rohbaus absetzte. Unter dem nächsten Fürstbischof Damian Hugo von Schönborn wurde kein Geringerer als Balthasar Neumann mit der Fortführung betraut, er plante – aus der Ferne – die Kapelle und das Treppenhaus, das mangels Fundamentierung schnell baufällig wurde. Erst unter Kardinal Franz Conrad von Rodt wurde die Residenz zwischen 1759–1762 von drei weiteren Künstlern fertiggestellt. Der Baumeister war Franz Bagnato, die Fresken in Treppenhaus und Spiegelsaal stammen von Giuseppe Appiani und die Stukkaturen von Carlo Pozzi. Über ein halbes Jahrhundert nach Baubeginn konnte das Neue Schloß bezogen werden, und schon 1802/03 stand es wieder leer: Im Zuge der Säkularisation wurden Hochstift und Bistum Konstanz aufgehoben, die Institutionen von Meersburg abgezogen.

Zur Zeit der Droste war im Neuen Schloß das sogenannte „Fräuleininstitut“ untergebracht, ein Mädchenpensionat für Mädchen aus adligen und besitzbürgerlichen Kreisen. Marie von Kessel kam 1838 aus Rastatt nach Meersburg, um das Institut zu gründen, und leitete es gemeinsam mit ihrer Schwester Friederike von Kessel (Frl. Fritze) und der Mutter Wilhelmine von Kessel geborene von Rottenhof. Es waren „gebildete und angenehme Damen“, zu denen Annette von Droste-Hülshoff einen regelmäßigen Kontakt pflegte. Sie war betroffen, als es mit dem Pensionat im Laufe des Jahres 1842 immer mehr bergab ging, so daß es geschlossen und nach Karlsruhe verlegt wurde. Danach hausten, wie sie im Jahr darauf Schücking mitteilte, hinter den verschlossenen Läden nur noch Ratten und Gefangene.

Mit dem Institut geht es leider sehr den Krebsgang, trotz der großen Verbesserung durch die Französinn (Fräulein TEXT) die vortrefflichen Klavier- und französischen Unterricht giebt, so daß die Zöglinge schon in den wenigen Monaten merkwürdig profitirt haben, dennoch werden die abgehenden PENSIONAIRS fast gar nicht ersetzt, und in diesem Sommer werden so wenige da seyn, (vielleicht 4 oder 5) daß die arme Fräulein Marie die Haushaltung aufgiebt, und mit den Kindern bey Jungs, denen sie eine Wohnung im Schlosse eingeräumt hat, in Kost geht, – Einige verwilderte und verwöhnte Kinder aus Constanz, die zu Hause Niemand mehr zwingen konnte, und von denen Eines sogar aus dem Institut entlaufen ist, haben dieses in den Ruf gebracht, als lasse man die Kinder dort schrecklich hungern, und seitdem will Niemand mehr daran. – auch die Französinn, heißt es, wäre deshalb sehr unzufrieden, und würde nicht bleiben. – daß die Französinn gehn wird, wenn keine Schülerinnen da sind, zweifle ich nicht, denn wovon soll die arme Fräulein Marie sie bezahlen? – ich hoffte die Veränderung mit der Kost würde jenes Gerücht niederschlagen, nun heißt es aber, Fräulein Anna, die vorher die Haushaltung führte, sey grade der rechte magre Vorschneider gewesen, und jetzt, wo es gar aus ihrem eigenen Beutel gieng, würde das Hungern erst recht angehn. – Ich glaube nur soviel daran, daß in der letzten Zeit, wo die Einnahme so gering wurde, freylich auch Alles mag etwas ärmlich und schmal geworden seyn du lieber Gott! wo sollte es her kommen! – Frau von Kessel war bey ihrer Abreise sehr niedergeschlagen darüber, und sagte „sie verzweifelte an dem Aufkommen des Instituts“ – Jenny und ich rekommandiren es, aber ohne Nutzen, wo wir eine Gelegenheit finden, und hat-

ten einige PENSIONAIRES schon halb fest, die sich aber Alle, nach anderweitigen Erkundigungen wieder zurück gezogen haben. – Es wäre Schade für Jenny wenn das Institut aufhörte, da sie sich fest darauf verlassen hatte die Kinder dort unterrichten lassen zu können, und sie schon jetzt täglich hinschicken würde (auf ganz kurze Zeit natürlich) wenn sie Laßberg dazu kriegen könnte. (Mai 1842)

Das Neue Schloß beherbergt heute – nach Zeiten als Militärunterkunft, Seemannsschule, Taubstummenanstalt, Oberschule für Jungen – die Städtische Galerie (mit Werken u.a. von Hans Dieter und Kasia von Szadurska), das Dornier-Museum, und neben Wechselausstellungen sind die Repräsentations- und Wohnräume der Fürstbischöfe zu besichtigen. Das Gebäude liefert für Veranstaltungen aller Art ein stimmungsvolles Ambiente; besonders die Konzerte im Spiegelsaal, denen man mit Blick auf den See lauscht, sind schon deshalb Erlebnisse. Hier wird alle drei Jahre Ende Mai der Droste-Preis, seit 2003 ergänzt um einen Förderpreis, verliehen, unter anderem an Erika Burkart, Nelly Sachs, Rose Ausländer, Hilde Domin und Friederike Mayröcker. Und der Barockgarten, ein kleiner abgeschlossener Park, öffnet sich zur Seeseite und gewährt einen wunderbaren Blick über das Städtchen, hinüber zur Alten Burg und auf das Panorama der Alpen. Ein kleiner, leider verschlossener Rokoko-Pavillon auf einer unterhalb angelegten Terrasse darf natürlich nicht fehlen. An solchen Orten erschließt sich der Zauber Meersburgs unmittelbar, ohne jegliche Erklärung.

Eine kleine Freitreppe verbindet den Garten des Neuen mit dem tiefer liegenden Zugang zum Alten Schloß: hübsches Rokokogitter, Putten auf der Balustrade, aber irgendwie seltsam, denn der rechte Lauf führt ins Leere und endet vor einer Mauer...

Am Fuß der Treppe steht ein Droste-Denkmal, „Der Königin der deutschen Dichterinnen gewidmet – von Freunden ihrer Muse“, wie eine Inschrift verkündet. Ein sinnendes Kraftweib blickt da vom Sockel herab, mit markanten Korkenzieher-(Schiller)locken und einem Kreuz auf der züchtig zugeknöpften Brust, nach hundert Jahren von grünlicher Patina überzogen und so schrecklich erhaben wie die Goethe- und Schiller-Denkmäler. Die durch Spenden finanzierte Bronzebüste wurde von dem jungen, aus der Gegend stammenden Künstler Emil Stadelhofer geschaffen und in München von Ferdinand von Miller gegossen. Enthüllt wurde sie 1898 zum 50. Todestag im Rahmen einer Feierstunde mit Kanonendonner und Kranzniederlegungen, Festreden und Musik. Sie stand zuerst auf dem Schloßplatz, umgeben von einem Eisengitter, für das der Schlosser eine Rechnung schrieb, die bis heute die Meersburger Bürger erheitert und ein bißchen beschämt: sie lautete nämlich auf einen Zaun um das „Hulda Trost-Denkmal“.

Anfang der 1960er Jahre wurde es trotz einer Petition – „Die Droste gehört nicht in die Unterstadt“ – in die Burgweganlage versetzt, im Vorfeld der Tausendjahrfeier 1988 dann wieder in die Oberstadt geholt und vor der Brücke über den Burggraben zum Alten Schloß postiert, wo die Droste wie eine Wächterfigur die ankommenden Besucher streng mustert.

Wir wenden ihr den Rücken und uns der Hofapotheke mit dem hohen Giebel (seit 1604 ununterbrochen Apotheke) zu, in der 1844 ein Mann angestellt war, über den die Droste in einem Brief an August von Haxthausen schrieb:

Meine Liebe (leider unerwiedert) ist der Provisor in der Apotheke meinem Thurm gegenüber, auch ein kleines graukö pfiges Wurzelmännchen, das aus bloßer Treue schon der vierten Generation derselben Familie dient, obwohl ihm zehnmahl bessere Stellen gebothen sind – jetzt einen schlimmen Herrn hat, der die Armen drückt, und nun aus seinem armen dünnen Provisorbeutel den Leuten das Geld zusteckt womit sie seinen Herrn bezahlen – Ich habe ihm lange nachgestellt, und ihn oft in meinen Thurm zur Münzschau eingeladen, aber der ägyptische Joseph will nicht daran, und ich muß mich damit begnügen ihn aus der Ferne zu betrachten, wenn er seines Herrn krummbeinige eheleibliche CRETINS an der Mauer spatzieren trägt. – Du siehst, es giebt hier mitunter nette Leute, wenn die Schwaben gut sind so sind sie gleich recht gut, sonst durchgängig etwas dickhäutig und dickköpfig, aber doch durch die Bank fromme Schlucker, und das Sprichwort „ehrlich wie ein Schwab'" ist nicht umsonst da. – Es wohnen hier noch viele ehemalige Diener und Beamte der letzten Bischöfe von Constanz, (die hier bekanntlich RESIDIRTEN,) und ich habe mich bey diesen Leuten aus der guten alten Schule, die so ehrerbietig und doch würdig ihre Stellung auszufüllen wissen, recht erholt von der geistreichen Tacktlosigkeit unseres MODERNEN Bürgerstandes, – dazu die himmlische Gegend, die gesunde Luft, das romanhafte alte Schloß, und Musick an allen Ecken, – Musick von Blasinstrumenten (auf dem See und in den Felsparthien) – Musick von Männerstimmen (täglich im Seminar, wunderschön!) – kurz, Meersburg hat wirklich etwas Zauberhaftes, Du mußt nothwendig kommen und sehn, ehe es zu spät wird. (August 1844)

Die Gebäude am Schloßplatz dienten bis zur Säkularisation der Verwaltung des Hochstifts: das heutige Café war Sitz der Hofräte, später kurz das Verlagshaus von F. W. Hendel, dann Ausstellungsort des „Deutschen Frauenbundes" und Sparkasse; das „Rote Haus" mit der Freitreppe, in dem der Bürgermeister Karl Moll geboren wurde, beherbergte lange das von Martin Welke aufgebaute Deutsche Zeitungsmuseum, seit 2001 die Galerie Bodenseekreis, in der Sonderausstellungen zur Kunst der Moderne im deutschen Südwesten gezeigt werden. In der Hauptwache, eher einem Wachhäuschen, hatte für einige Jahre unter dem Zeichen „Typographie – Buchkunst – Kalligraphie“ die Ernst-Engel-Presse von Walter Stähle ein würdiges Domizil gefunden. Sie publizierte viele bibliophile Bände und Einblatt-Drucke. Heute befindet sich in der Wache ein Antiquariat.

Wir verlassen den Schloßplatz durch den Wolfenbogen – vielleicht kann man zuvor noch einen Blick in die Schloßkapelle mit Stuckaltar und Kanzel von Joseph Anton Feuchtmayer werfen – und kommen auf einen pittoresken Platz mit der Schloßschenke: Sommers leuchtet hier ein aus Kübeln und Töpfen komponiertes Pflanzenrondell in allen Blütenfarben, und im Haus dahinter füttert ein älteres Fräulein Annette die Tauben, die wie auf Schloß Hülshoff beim Vater der Droste durch die offenen Fenster hinein- und herausfliegen.

Rechts führt die Rieschentreppe, die schnellste und aussichtsreichste, aber mit ihren 175 Stufen anstrengendste Verbindung hinab in die Unterstadt. Wir verweilen noch ein wenig auf der Höhe, schauen in den Verkaufsraum des Staatsweinguts, das zum 200. Geburtstag der Dichterin eine „Selektion Annette von Droste-Hülshoff“, einen weißen Cuvée, auf den Markt gebracht hatte. Vielleicht hätte sie – wiewohl selber enthaltsam – einen Reim darauf fabriziert? Von der zehnjährigen (!) Annette gibt es ein veritables Trinklied, das mit „Lyrum, larum ohne Sorgen, / Da ich wieder trinken mag“ anfängt, den Bruder auffordert, so lang zu trinken „Wie nur immer Wein ist da“ und mit der Strophe endet: „Nun! Du mein verlass'nes Fläschchen, / Das zu lang ich schon vergaß, / Dann und wann ein kleines Gläschen / Mach' mir noch die Kehle naß! / Erst nach meinem Lebenslauf / Hört mein frohes Trinken auf.“

In dem gelben Caréegebäude, dem ehemaligen Reit- und Stallhof der Fürstbischöfe, hat seit 1907 das Staatsweingut, nach der Säkularisation als Weinbaudomäne gegründet, seinen Verwaltungssitz, mit Blick auf den Rieschen, die beste Meersburger Weinlage. Im Herbst lagern hier die Fässer, denn in Kelter und Keller geht es gleich unter die Erde. Das sich im Osten anschließende rote Gebäude wurde in der ersten Hälfte des 18. Jahrhunderts als Priesterseminar mit einer eigenen Kapelle errichtet, 1828 nach St. Peter im Schwarzwald verlegt.

Nach 1839 war das katholische Großherzoglich Badische Lehrerseminar hier untergebracht, mit dessen Lehrerschaft Laßbergs und die Droste gute Bekanntschaft pflegten. Philipp Nabholz, der erste Direktor des Seminars, der Oberlehrer Karl Jung, der Gesang, Geschichte, Geographie, Naturlehre unterrichtete und ein Fräulein Anna aus dem Kesselschen Institut heiratete, der Musiklehrer Karl August Weber und Johannes Flink tauchen in den Briefen als „mitunter recht talentvolle und unterrichtete junge Leute von Schückings Alter“ auf oder als begeisterte Zuhörer, wenn die Droste abends in der Alten Burg Gespenstergeschichten erzählte.

Heute befindet sich das Droste-Hülshoff-Gymnasium darin, dessen Schülerinnen und Schülern man wünscht, daß sie gelegentlich auch den Blick genießen können, der sich besonders vom „Känzele“, dem Aussichtsplatz zwischen Staatsweingut und Seminar, bietet: man meint dort auf halber Höhe zu schweben. Verführerisch war dieser „Blick auf den See und der Gegensatz des Horizonts zu der lieblichen Fruchtbarkeit des nahen, von Reben und Obstbäumen umsäumten Ufers“ für den Buchkünstler Emil Rudolf Weiß, der sich 1942 in Meersburg niedergelassen hatte und im November desselben Jahres dort starb; auch der Stuttgarter Arzt und Schriftsteller Friedrich Wolf kam in den dreißiger Jahren zweimal nach Meersburg, um ein Hörspiel (*John D. erobert die Welt*) und ein Theaterstück (*Bauer Baetz*) zu verfassen, und Johannes R. Becher, expressionistischer Dichter und späterer Kulturminister der DDR gedachte, nach 1945, hier wenigstens die Hälfte des Jahres zu verbringen.

Einer der wenigen, die sich ironisch, ja boshaft über Meersburg äußerten, war Martin Andersen Nexö: „Überall grinst einem Verfall entgegen“, notierte er in seinem Roman *Die verlorene Generation*, und was die Bewohner betraf, so schien es ihm „beinahe unvorstellbar, wovon sie lebten. Meistens trieben sie sich auf der Straße herum oder, wenn der Dampfer ankam, auch am Hafen, klein und besessen von Neugier.“ Tatsächlich war Andersen Nexö bei seinem ersten Besuch eher unfreiwillig in Meersburg, doch kaum zurück in seiner dänischen Heimat, packte ihn das „Heimweh“ und führte neben anderem dazu, daß er sich am Bodensee ansiedelte.

So ging und geht es vielen Besuchern – auch der Droste, die anfangs die Reise lieber nicht unternommen hätte. Nach ihrem zweiten Aufenthalt schrieb sie im August 1845 an Levin Schücking: „Im Frühling gehn wir wieder nach Meersburg, ich freue mich recht darauf, dort bin ich immer viel gesünder, und ich kann auch viel mehr und leichter arbeiten – Ruhe, poetische Umgebung und besseres Befinden wirken dann zusammen.“ Und ein halbes Jahr später fügte sie an: „Diese öftere Wiederkehr ist doch merkwürdig! – Bey meinem ersten Aufenthalt dort habe ich wahrlich auf keinen dritten zu rechnen gewagt! Sie werden sich erinnern, wie oft ich gesagt: Man müsse die Gegend recht genießen, die Wahrscheinlichkeit des Wiedersehens verhalte sich wie Eins zu Hundert.“

„Mein Thurm ist köstlich,
d.h. meinem Geschmacke nach –
einsam, graulich"

Ein Besuch in der Alten Meersburg

5. Das alte Schloß

Auf der Burg haus' ich am Berge,
Unter mir der blaue See,
Höre nächtlich Koboldzwerge,
Täglich Adler aus der Höh',
Und die grauen Ahnenbilder
Sind mir Stubenkameraden,
Wappentruh' und Eisenschilder
Sopha mir und Kleiderladen.

Schreit' ich über die Terrasse
Wie ein Geist am Runenstein,
Sehe unter mir die blasse
Alte Stadt im Mondenschein,
Und am Walle pfeift es weidlich,
– Sind es Käuze oder Knaben? –
Ist mir selber oft nicht deutlich,
Ob ich lebend, ob begraben.

Mir genüber gähnt die Halle,
Grauen Thores, hohl und lang,
Drin mit wunderlichem Schalle
Langsam dröhnt ein schwerer Gang;
Mir zur Seite Riegelzüge,
Ha, ich öffne, laß die Lampe
Scheinen auf der Wendelstiege
Lose modergrüne Rampe,

Die mich lockt wie ein Verhängniß,
Zu dem unbekannten Grund;
Ob ein Brunnen? ob Gefängniß?
Keinem Lebenden ist's kund;
Denn zerfallen sind die Stufen,
Und der Steinwurf hat nicht Bahn,
Doch als ich hinab gerufen,
Donnert's fort wie ein Orkan.

Ja, wird mir nicht baldigst fade
Dieses Schlosses Romantik,
In den Trümmern, ohne Gnade,
Brech' ich Glieder und Genick;
Denn, wie trotzig sich die Düne
Mag am flachen Strande heben,
Fühl' ich stark mich wie ein Hüne,
Von Zerfallendem umgeben.

Kaum ist Annette von Droste-Hülshoff in Meersburg angekommen, thematisiert sie ihre nächste Umgebung – „Das alte Schloß" – in einem Gedicht. Doch anders als für Levin Schücking, der „Die Meersburg am Bodensee" gleichfalls dichterisch verarbeitet, romantisiert sie das Gemäuer nicht, genauso wenig wie sie jemals die Bodenseelandschaft als harmlose Idylle beschreibt. Sie sieht Abgründe, wo andere sich nur gruseln, zweifelt sogar an der Grenze zwischen Leben und Tod, und schafft eine Atmosphäre, in der jedes Bild zur vielschichtigen Metapher wird.

Lassen wir, mangels einer Äußerung der Droste, Schücking mit der Schilderung seiner Ankunft zu Wort kommen. Gemeinsam mit ihrer Schwester Jenny hatte sie für den jungen Schriftsteller und Kritiker die Stelle als Bibliothekar bei Laßberg und den gleichzeitigen Aufenthalt in Meersburg arrangiert.

Es war an einem Herbstabend jenes Jahres 1841, als ich durch die niedere und lange Wölbung des Torbogens der alten Meersburg schritt. Die Lampe des Pförtners warf ihren grellen, aber unsteten Schein auf das dunkle Gemäuer und fuhr über eine eigentümlich freundliche und ermunternde Malerei, die an der Wand angebracht war, fort. Man sah da den ausgestreckten Arm irgendeines, vom Maler gänzlich verschwiegenen und durch die Phantasie zu ersetzenden armen Sünders, dem die Hand mit einem scharfen Beile abgehauen wurde. Darunter stand mit einem warnenden Ausrufungszeichen zu lesen: Burgfrieden!

Es lag nicht im entferntesten in meiner Absicht, diesen Frieden zu stören. Dennoch schien ein großer Rüde von Ulmer Rasse, der mir wütend entgegenbellte, solche böse Vorsätze zu argwöhnen. Der Pförtner hatte zu tun, um ihn zu beruhigen. Ich habe später mich viel bemüht, die Gunst dieses Individuums mit dem schwarzen Felle und der schwarzen menschenfeindlichen Seele, das die wehrhafte Burgmannschaft bildete, zu gewinnen. Aber es ist mir nie recht gelungen.

Wir betraten einen inneren Hof, der eine Art geräumiger Terrasse bildete. Vor mir in den dunklen Nachthimmel stieg der altersgraue Belfried, der Turm König Dagoberts, auf. Links, über eine Reihe niederer Mauerzinnen, dehnte sich weithin der graue dämmerige Spiegel des Bodensees.

Das alte Schloß Meersburg ist eine der ältesten Burgbauten Deutschlands. Zum Schutze der Überfahrt über den See haben die Frankenkönige aus dem Hause der

Merowinger sie gegründet, und der Hauptturm wird von der Sage ein Werk Dagoberts I. genannt, während die Altertümler zwei an dem Turm eingehauene Buchstaben C. M. auf Carl Martell deuten. Später wurde sie die Residenz der Fürstbischöfe von Konstanz. Unter ihnen waren es der Kardinal Marcus Psittacus von Hohenems, der als Fürsterzbischof von Salzburg auch das schöne Lustschloß Hellbrunn bei Salzburg baute, und Hugo von Hohenlandenberg, welche Bauteile hinzufügten. Der letztere ließ vier runde flankierende Türme daran bauen; Nikolaus von Kenzingen aber die Burg durch eine tief in den Felsen ausgehauene Schlucht von dem Ort Meersburg isolieren.
Die altertümliche Umgebung, der auch die Hohenstaufen-Erinnerungen nicht fehlten, denn Konradin wohnte auf dem Schlosse im Jahre 1262 und wieder 1267, kurz vor seiner italienischen Heerfahrt – diese Umgebung war der passendste Rahmen für den Burgherrn, eine ritterliche, sich strack aufrecht haltende Gestalt mit langem weißem Barte, dessen Haupt weder die Jahre, welche darüber hinweggefahren, noch die stupende Gelehrsamkeit, welche sich darin barg, niederdrückten.

Da ist sie schon, die Sage von „Deutschlands ältester Burg“ mit den klingenden Namen des Merowingerkönigs Dagobert, der sie gegründet, Karl Martells, dem sie als Pfalz gedient, und Konradins des letzten Staufers, der von hier seine letzte Reise nach Neapel angetreten haben soll. Historisch ist davon nichts nachweisbar: Tatsächlich fußt zumal die bis heute gern tradierte Behauptung um Dabogert auf der spekulativen Bemerkung eines Zürcher Chronisten Mitte des 16. Jahrhunderts. Auch von der Urkunde, die Otto III. 988 in Meresburg ausstellte und aufgrund derer die Stadt Meersburg 1988 ihr tausendjähriges Bestehen feierte, weiß man mittlerweile, daß sie sich auf Merseburg in Sachsen bezieht. Doch wenn die Zaubersprüche einmal losgelassen…

Schon 1956 teilte der Meersburger Stadtarchivar Adolf Kastner seine Mitbürger „in zweierlei Sorten von Menschen“: die historisch Angehauchten und die der Hebung des Fremdenverkehrs verpflichteten, denen es auf ein paar kleine Geschichtsfälschungen nicht ankomme. Freilich ist das Publikum mit Stauferkaisern mehr zu beeindrucken als mit Hitler-Attentätern – daß Georg Elser seinen Bombenanschlag auf Hitler im Münchner

Bürgerbräukeller in Meersburg geplant hat, ist durchaus wahrscheinlich, weil er einige Zeit hier lebte und arbeitete.

Die Anfänge Meersburgs liegen im Dunkeln, aber glaubwürdig ist die Darstellung des ehemaligen Stadtarchivars Franz Götz, der die ältesten Teile der Burg auf das 11. und die übrige Burganlage auf den Beginn des 16. Jahrhunderts datiert. Daß Laßberg, der begeisterte, aber wenig kritische Verehrer des deutschen Mittelalters, das entsprechende Ambiente für seine Nibelungen-Handschrift stilisierte, kann man ja verstehen. Und sein Nachfolger, Karl Ritter Mayer von Mayerfels, dem die Laßberg-Töchter die Burg verkauften und der sie von 1877 bis 1883 bewohnte, stand ihm darin keineswegs nach, im Gegenteil. Man erzählt sich, daß seine Sammlung von mittelalterlichen Waffen, Harnischen, Gerätschaften, Wappen und so weiter vierzig Eisenbahnwaggons gefüllt haben soll. Die Zahl scheint zwar ein bißchen hochgegriffen, aber tatsächlich sind die heutzutage bei einem Rundgang durch das wunderliche Alte Schloß zu besichtigenden dreißig Räume voller „wunderlichem alten Gerümpel“ – wie die Droste es ähnlich erlebt hatte.

Auch wenn nichts davon authentisch ist – die mottenzerfressenen Felle in den Mauernischen und die wurmstichigen Möbel, die verrosteten Schwerter und Geweihe sollen ein Zeitbild um 1330 erstehen lassen, und die mittelalterliche Beschallung trägt dazu ebenso bei wie die Dagobertmanie. Jedenfalls strebt der derzeitige Besitzer Vinzenz Naeßl-Doms kein historisches Museum an, wichtig ist ihm hingegen das atmosphärische Umfeld einer Ritterburg – „spüren, wie das war, als die Mauern widerhallten von Waffengeklirr und Hörnerschall, wie das offene Feuer flackerte, wie man beisammen saß, wenn das Spinnrad schnurrte, wenn der von Burg zu Burg ziehende Sänger in die Saiten griff, [...] hinunter schauen in den Burgbrunnen und ins Burgverließ, wo die Gefangenen schmachteten, vom Wehrgang aus in Gedanken den Angreifern mit Stangenwaffen und Streitkeulen zu Leibe rücken" (So steht es im Prospekt).

Für Kinder ist die Mischung aus Spukschloß und Rumpelkammer ein toller Abenteuerspielplatz, wo sie mal richtig das Gruseln lernen können! Und im Rittershop-Turm gibt es dann Waffen und Rüstungen zu kaufen, aber auch Postkarten, Andenken und Literatur. In eben diesem Westturm war im Winter 1841/42 Levin Schücking untergebracht.

Anläßlich des 150. Todestages der Dichterin, die hier zwar nicht die sieben letzten, aber immerhin dreieinhalb wichtige Jahre ihres Lebens verbrachte, wurden hier für angemeldete Gruppen spezielle Droste-Führungen durchs Schloß veranstaltet, während denen sonst dem Publikum nicht zugängliche Räume besichtigt werden können. Darunter das Zimmer im nordöstlichen Kapellenturm mit dem Blick auf die Stadt, in dem Annette von Droste-Hülshoff während ihres ersten Meersburger Aufenthaltes wohnte, ein kleiner Raum im Palas-Trakt, und als Krönung der Dagobertsturm, von dem man – ungeheuer weit oben – vier beeindruckende Perspektiven auf Stadt, Land und See genießen kann.

Der Standort im Gedicht „auf hohem Balkone am Turm" könnte der Balkon des Burgcafés sein, und der Renaissance-Saal, in dem heute Konzerte und Lesungen stattfinden, beherbergte einst die aus 11 000 Büchern und 300 Handschriften bestehende Bibliothek. Wie schon erwähnt, hatte Joseph von Laßberg 1837 die alte Burg gekauft und damit „wenigstens 35, meist große heizbare Zimmer, und noch wol ebensoviel oder noch mer andere Gemächer, 5 Gewölbe Keller, 2 laufende Bronnen mit trefflichem Quellwasser. Eine menge unterirdische gewölbe. Eine zisterne mitten im hause. Burgverließ. Kapelle. Badezimmer. Unterirdischer Gang bis an den Bodensee. Eisgrube." Im September 1838 war er mit Jenny, den Zwillingstöchtern Hildegard und Hildegunde und einer riesigen Menge von Kisten von Eppishausen über den See hierher gezogen. Stolz berichtete er in einem Brief über seine günstige Erwerbung (für 10 000 Gulden), die zwischen 1210 und 1802 im Besitz der Fürstbischöfe von Konstanz gewesen und mit der Säkularisation 1802 an das spätere Herzogtum Baden gefallen war.

Laßberg schrieb an Ludwig Uhland:

In der Freude meines alten, aber noch immer grünen Herzens, kann ich nicht umhin, Inen zu sagen, daß ich vorige Woche die Nachricht erhielt, wie daß mir die alte bischöfliche Burg zu Meersburg, für den von mir gebotenen Preis, von der Domainenkammer zu Carlsruhe zugeschlagen worden ist. Eine schöne, große Burg, wolerhalten (da vor einem Jare noch das Hofgericht sammt dem Hofrichter darinne saß,) hell, warm und in einer Lage, die eine der schönsten Aussichten am Bodensee gewäret. [...] Die Gegend wie die ganze Nachbarschaft, ist fruchtbar, freundlich und wolangebaut; der Wein, welcher seit einigen Jaren da aus Traminer Trauben gezogen wird, gehört gewiß unter die vorzüglichsten Weine Schwabens, und ich hoffe, wir sollen in einem der runden Gemächer der guten alten Burg, welche die Aussicht auf die blauen Fluten des Potamus [Bodensee] geben, mer als einmal die Erfarung hievon machen. [...] Dort wird mir ein Wunsch gewärt, den ich bisher stets vergeblich närte, ich kann alle meine Bücher und Handschriften etc. in einem schönen, hellen, gewölbten (ehemaligen Archiv-) Saale beisammen aufstellen und durch die Glastüre eines anstoßenden geräumigen Arbeitszimmers alles übersehen.

Inmitten seiner musealen Schätze lebte Laßberg als ein fröhlicher Wissenschaftler, und hierher führte er, ein Mensch der Ritterlichkeit und Geselligkeit, seine zahlreichen Gäste. Hier arbeitete während des Winterhalbjahres 1841/42 Levin Schücking, dessen „zufällige" Anwesenheit die Droste besonders gegenüber der Mutter immer genauer zu erklären suchte, bis alles ganz unwahrscheinlich klang. In mehreren Briefen liefert sie ein anschauliches Bild des Alltags in der Alten Burg, und gegenüber Elise Rüdiger darf auch einmal Schücking im Vordergrund stehen:

Übrigens stand ihm anfangs die trockne Arbeit schlecht an, und ich glaube, daß er manchen Seufzer über den Bodensee gesandt hat, jetzt aber hat es sich gemacht, er ist zufrieden, und ich freue mich ihn allmählich seinen Widerwillen gegen ordentliche Geschäftsarbeit und eine Anstellung (in der doch am Ende sein einziges Heil liegt) verlieren zu sehn. – die vielen seltnen Bücher machen ihm auch große Freude (da Laßberg es gar nicht so genau nimmt, wenn er auch täglich einige Stunden ließt, statt zu arbeiten) und die Gegend, der Bodensee, die Alpen, die alte Burg, mit ihren Thürmen, Wendelstiegen, ganzen Reihen von unterirrdischen Gefängnißgewölben, – wo die Gefangenen ihre Namen und alte Sprüche mit spitzen Steinen in die Felswand gekratzt haben – und nicht weniger als fünf verfallenen Gängen in den Berg, deren Ausgang uns unbekannt ist, haben ihm einen unbeschreiblichen Eindruck gemacht. Wir hatten anfangs alle Mühe ihn von Unternehmungen auf die Berggänge (die bis unter den Spiegel des Bodensees führen sollen) abzuhalten, seit er aber Eins der Löcher mit einem Steinwurfe sondirt und erst auf Thurmtiefe Grund gefunden hat, ist ihm die Lust vergangen, und er will, wie er sagt, seinen besten und einzigen Hals doch lieber nicht RISQUIREN. – Am Strande spatziert er aber täglich eine Stunde, und freut sich wie ein Kind, wenn die Wellen ihm entgegen branden und spritzen, und über dicken hohen Wolkenschichten die Kuppen der Alpen wie Ossians Geister hervor schaun. sonst ist er den ganzen Tag in der Bibliotheck, bis zum Lichtanzünden, und arbeitet nachher bis zum Abendessen (acht Uhr) an eignen Produckten, Gedichten, Aufsätzen ET CET, oder geht ins Museum, wo viele Zeitschriften gehalten werden, UM AU COURANT der Litteratur und Politik zu bleiben, zuweilen, wenn er zu Keinem von diesen aufgelegt ist, kömmt er auch zu uns ins Wohnzimmer, wo dann Münster, und vor Allem Ihr SALON, meine gute Elise, immer und immer wieder zur Rede kommen. – Sie sehen es geht ihm wohl, und dieser Aufenthalt, der wohl bis zum Frühlinge dauern mag, wird ihm gewiß körperlich, geistig, und hoffentlich auch in Beziehung auf seine Zukunft erspriesslich seyn. (Oktober 1841)

Zwei Monate später, im Dezember 1841, heißt es in einem „nicht schönen, sondern ausführlichen Brief“:

Ich liege wach im Bette, und mache im Dunkeln Gedichte. – [...] die ich nicht in die Sammlung gegeben habe, und mit denen die zerstreut [...] gekommen sind, könne ich es wohl bis Frühjahr zu einem zweyten Bändchen bringen, – am Tag schreibe ich an meinem größeren Buche, und Abends bey Licht wird das bereits Fertige (später auch die Geistlichen Lieder) abgeschrieben. – Sie sehn ich bin fleißig. – außerdem renne ich täglich ein paar Stunden spatzieren, und hoffe mit der Zeit so mager und behende wie eine Peitschenschnur zu werden. – der Anfang ist bereits gemacht, meine Gestalt fällt ab, und meine Brust erweitert sich – diese MIRACULEUSE Luft weiß die Gaben verständig zu vertheilen, ich werde mager, Schücking stark, so hat Jedes was ihm Noth thut. – Vom Bücherstaub hat Schücking nicht zu leiden, sie sind immer so sorgfältig abgefegt und vielfach benutzt worden, daß kein Stäubchen darauf lag. Wenn Sie irgendwo Schücking lobend erwähnt finden, so schreiben Sie dieses nur ja ab, und schicken es her. – das Museum hält zwar manche JOURNALE, aber nur Süddeutsche und vom Auslande, und es ist Schücking kein kleiner Verdruß, daß sein Name nirgends vorkömmt. – Doch war ihm die RECENSION in den litterarischen Blättern von Brockhaus schon bekannt. – Meinen Sie wir lebten hier wie in der Wildniß? – haben wir nicht ein Liebhabertheater, was neulich „den Wildfang" aufführte? – haben wir nicht eine Burgemeisterstochter die so gut Klavier spielt wie die Bornstedt? und ein versoffenes GENIE von Professor, eine Musicklehrerinn im Institut, und noch einen schöngeistigen hübschen Klaviermeister, der unsre Zwillinge C. und Fis. lehrt, die sie alle Drey zehnmal in die Tasche stecken, und besser spielen als jemand in Münster? – Sie glauben nicht wie ich mich hierüber gewundert, und wie es meinen norddeutschen Stolz gedemüthigt hat. – außerdem kommen alle Augenblicke steiermärkische, ET CET. Musickbanden, die CONCERTE geben, und Laßberg, der fortwährend BRILLANTER Laune ist, macht die schönsten Lustfahrten mit uns nach Schlössern, Klöstern, ET CET. längs dem Bodensee (zu denen Schücking immer eingeladen wird) kurz wir haben mehr anmuthigen Zeitverderb als uns lieb ist; –

Denn Annette von Droste-Hülshoff hatte sich in den Kopf gesetzt, in diesem Winter etwas Ordentliches zu leisten. Angereist war sie mit dem Plan, an ihrer Prosa „Bei uns zu Lande", dem „Geistlichen Jahr" und dem Stück „Perdu!" weiterzuarbeiten. Während einer Diskussion über die Frage, ob man für lyrische Produktion in entsprechender Stimmung sein und auf einen „Sturm oder eine Strömung" warten müsse, wie Schücking meinte, reagierte sie überraschend:

Hoffärtig hatte sie mehrmals den Kopf in den Nacken geworfen, wie ein mutiges Pferdchen, und was aus ihren Augen mich anblickte, sah weit mehr wie gutmütiger Spott über die ästhetische Doktrin, die ich entwickelte, aus, denn als ein Einverständnis damit.
Annette von Droste dachte wohl nicht gerade in diesem Augenblick an das Goethesche:

Gebt ihr euch einmal für Poeten,
So kommandiert die Poesie –

aber gewiß ist, daß sie sich in diesem Augenblick stark genug dazu fühlte, sie herbeizukommandieren daß sie in sich einen Reichtum des Gemüts, der Empfindung und der Gedanken fühlte, aus dem sie gewiß war, nur immer schöpfen zu können, ohne den Schatz zu mindern: eine Fülle lyrischer „Stoffe", die ja eigentlich und im ganzen von ihr noch gar nicht angetastet und angebrochen war. Sie meinte deshalb mit großer Zuversicht, einen reputierlichen Band lyrischer Gedichte werde sie mit Gottes Hilfe, wenn sie gesund bleibe, in den nächsten Wochen leicht schreiben können. Als ich widersprach, bot sie mir eine Wette an und stieg dann gleich in ihren Turm hinauf, um sofort ans Werk zu gehen. Triumphierend las sie am Nachmittag bereits das erste Gedicht ihrer Schwester und mir vor, am folgenden Tage entstanden gar zwei, glaub' ich – meine Doktrin erhielt von nun an fast Tag für Tag ihre wohlausgemessene und verdiente Züchtigung. So entstand in weniger Monate Verlauf, in jenem Winter von 1841 bis 1842, die weitaus größte Zahl der lyrischen Poesien, welche den Band ihrer „Gedichte" füllen.

Diese Dichterwette war sicher nicht Auslöser, eher vielleicht ein zusätzlicher Ansporn in einer vorhandenen Phase höchster poetischer Inspiration. Tatsächlich befanden sich die Gedichte – ungefähr sechzig sind in diesem Winter entstanden – bei der Niederschrift bereits in einer weitgehend vollendeten Form. Die Droste muß sie also schon im Kopf nahezu fertig formuliert haben: „es liegt mir doch allerley im Sinne, was ich nur heraus schreiben muß um es los zu werden […] – z.B. einige Stoffe zu kleineren Gedichten (5–6 Strophen) die mich plagen, und wo es auch Schade darum wäre wenn ich sie verkommen ließ, da sie mir zusagen". Trotzdem wurde noch viele Monate später daran feilend gearbeitet. Sie verfaßte innerhalb weniger Wochen inhaltlich wie formal so unterschiedliche Gedichte wie „An die Weltverbesserer“ oder „Die Bank“, „Im Moose“ oder „Die Taxuswand“, „Die Schwestern“ oder „Dichters Naturgefühl“, Texte, die sich aus der Anschauung des Bodensees speisten oder wie die „Haidebilder“ die westfälische Landschaft beschwören. Hier sollen beispielhaft zwei stehen, ein Schücking gewidmetes, „An*** “ und das bekannteste „Meersburg“-Gedicht „Am Thurme“.

An ***

Kein Wort, und wär’ es scharf wie Stahles Klinge,
Soll trennen, was in tausend Fäden Eins,
So mächtig kein Gedanke, daß er dringe
Vergällend in den Becher reinen Weins;
Das Leben ist so kurz, das Glück so selten,
So großes Kleinod, einmal sein statt gelten!

Hat das Geschick uns, wie in frevlem Witze,
Auf feindlich starre Pole gleich erhöht,
So wisse, dort, dort auf der Scheidung Spitze
Herrscht, König über Alle, der Magnet,
Nicht frägt er ob ihn Fels und Strom gefährde,
Ein Stral fährt mitten er durchs Herz der Erde.

Blick’ in mein Auge – ist es nicht das deine,
Ist nicht mein Zürnen selber deinem gleich?
Du lächelst – und dein Lächeln ist das meine,
An gleicher Lust und gleichem Sinnen reich;
Worüber alle Lippen freundlich scherzen,
Wir fühlen heilger es im eignen Herzen.

Pollux und Castor, – wechselnd Glühn und
Bleichen,
Des Einen Licht geraubt dem Andern nur,
Und doch der allerfrömmsten Treue Zeichen. –
So reiche mir die Hand, mein Dioskur!
Und mag erneuern sich die holde Mythe,
Wo überm Helm die Zwillingsflamme glühte.

Levin Schücking.
Stahlstich nach einem Gemälde von August Weger.

Am Thurme

Ich steh' auf hohem Balkone am Thurm,
Umstrichen vom schreienden Staare,
Und laß' gleich einer Mänade den Sturm
Mir wühlen im flatternden Haare;
O wilder Geselle, o toller Fant,
Ich möchte dich kräftig umschlingen,
Und, Sehne an Sehne, zwei Schritte vom Rand
Auf Tod und Leben dann ringen!

Und drunten seh' ich am Strand, so frisch
Wie spielende Doggen, die Wellen
Sich tummeln rings mit Geklaff und Gezisch,
Und glänzende Flocken schnellen.
O, springen möcht' ich hinein alsbald,
Recht in die tobende Meute,
Und jagen durch den korallenen Wald
Das Walroß, die lustige Beute!

Annette von Droste-Hülshoff, gezeichnet von ihrer Schwester Jenny von Laßberg.

Und drüben seh' ich ein Wimpel wehn
So keck wie eine Standarte,
Seh auf und nieder den Kiel sich drehn
Von meiner luftigen Warte;
O, sitzen möcht' ich im kämpfenden Schiff,
Das Steuerruder ergreifen,
Und zischend über das brandende Riff
Wie eine Seemöwe streifen.

Wär ich ein Jäger auf freier Flur,
Ein Stück nur von einem Soldaten,
Wär ich ein Mann doch mindestens nur,
So würde der Himmel mir rathen;
Nun muß ich sitzen so fein und klar,
Gleich einem artigen Kinde,
Und darf nur heimlich lösen mein Haar,
Und lassen es flattern im Winde!

Nur auf den ersten Blick wird hier die individuelle Befindlichkeit thematisiert oder romantisches Einswerden mit der Natur zelebriert. Die Freiheit, mit flatterndem Haar auf dem Turm zu stehen, zeigt, wie unerfüllbar der Wunsch nach tatsächlicher Freiheit ist: Ein aktives Leben mit eigener Entscheidungskraft, jedem Mann per se gestattet, war ihr als Frau verwehrt. Dennoch sollte man die Droste nicht vorschnell als Opfer weiblichen Schicksals betrachten, dazu war sie zu gebildet, zu forschend, zu selbstbewußt – auch im Alleinsein.

Welcher Art die Beziehung zu Levin Schücking in diesem Meersburger Winter nun wirklich war, ob Liebesbeziehung oder rein platonisch, wurde zum Gegenstand von vielen Romanen; aber es ist zweifelhaft, ob das Wissen darum unserem Verständnis des Werkes irgend etwas hinzufügt. Sicher mischte sich in die ursprünglich mütterliche Fürsorge ein Hauch von Leidenschaft, aber Schücking war schließlich der erste, der ihrem Werk mit Aufmerksamkeit und Verständnis begegnete, der sie als Dichterin ernst nahm. „Mein Talent steigt und stirbt mit deiner Liebe – was ich werde, werde ich nur durch dich und um deinetwillen“, schrieb sie ihm nach seiner Abreise – und dies ist gewiß weniger eine Liebeserklärung an den Mann, als eine Hommage an die bestärkende Kraft des Freundes und Kritikers. Er schätzte sie als seine „allerliebste Seelenfreundin“ und schrieb an seine Braut, es gebe „kein innigeres und wohltuenderes Verhältnis“, aber „eifersüchtig braucht man doch nicht darauf zu sein“.

Gemeinsam unternahmen sie lange Spaziergänge, und jeden Abend las die Droste vor, was sie geschrieben hatte: Jenny und Schücking seien immer anderer Ansicht darüber, welches Gedicht besonders gelungen sei, so daß sie ganz konfus würde und am Ende doch ihren eigenen Geschmack als letzte Instanz gelten lassen müsse.

Der Besucherstrom auf der Alten Burg riß selten ab, allabendlich kam Maximilian Hufschmid, der letzte

Kabinett-Sekretär der Konstanzer Fürstbischöfe, „unser Schatz“, zum Puff-Spiel; die Kesselschen Damen und die Lehrer des Seminars waren gern gesehene Gäste als Erzähler und Zuhörer von Gespenstergeschichten; der Physikus (der Arzt Ferdinand Tscheppe) fachsimpelte mit der Droste über Münzen und geschnittene Steine, Muscheln und Mineralien:

Scheppe und ich sind auch dicke Freunde, und haben uns werthvolle Geschenke an Versteinerungen und Schneckenhäusern gemacht, denn er kriecht eben so wie ich am See und in den Weinbergen umher, und ist lange vor mir gekrochen, so daß die Meersburger an diese neue Art von Vierfüßlern gewöhnt sind, was mir jetzt gut zu Statten kömmt, denn es fällt Keinem ein was Besonderes dran zu finden, die Höflichsten bleiben sogar stehn, und geben mir die Stellen an, wo seltne Sorten zu finden sind, und wo der Physikus und Herr Jung auch gesucht hätten.
(An Therese von Droste-Hülshoff im Januar 1842)

Das Verhältnis zu Laßberg wurde trotz unüberbrückbarer Gegensätze der Interessen beinahe freundschaftlich, allerdings empfand sie seinen Wunsch, den „Liedersaal“ zu übersetzen, um diese spätmittelalterliche Handschrift zu popularisieren, als Zumutung. Der Schwager vermittelte Kontakte zu Schriftstellern und Gelehrten, die dazu beitrugen, daß die Droste feststellen konnte: „Es ist seltsam wie man an Einem Orte (hier in Oberdeutschland, Sachsen et cet) so gut angesehn, und zugleich an einem andern (Westphalen) durchgängig schlimmer als übersehn seyn kann! – ich muß mich mehr als ich es selber weiß der schwäbischen Schule zuneigen.“ Von deren Vertretern lernte sie Gustav Schwab und Ludwig Uhland persönlich kennen, von letzterem war sie sehr angetan wegen seiner „großen Bescheidenheit, Einfachheit und einen überwiegenden Zug von Güte, Milde und Theilnahme“ und bedauerte es beinahe, als er, die Botanisiertrommel auf dem Rücken, zu Fuß wieder nach Tübingen zurückstrolchte. Und seinem Freund, dem Gymnasialprofessor Albert Schott aus Stuttgart, teilte sie während seines Aufenthaltes auf der

Meersburg Volkslieder, Melodien und Texte aus ihrer Jugend mit. Andere Bekanntschaften aus Laßbergs Galerie berühmter Männer, von denen sie in ihren Briefen hübsch-ironische „Fingernägel-Porträts“ anfertigte, waren der Germanist Franz Pfeiffer („schüchtern wie ein Espenblatt“); der Herausgeber von Klassikern Friedrich Heinrich Bothe (ein wunderlicher, schnauziger, dürrer alter Kauz mit einem Stelzfuß, den Jenny ertappte, wie er ihr Gedicht „Der Graf von Thal“ laut deklamierte); der Bibliothekar Georg Karl Frommann („Wir haben uns mit den Nibelungen zu Tische gesetzt, und sind damit aufgestanden“); der Schriftsteller Guido Görres („gewinnt aber ungemein im Umgange, wo er bedeutenden Geist, nebst großer Gutmüthigkeit und Offenheit entwickelt“); der protestantische Theologe Hermann Reuchlin („ein ebenfalls sehr berühmter sehr lebhafter und interessanter Mann“). Für „unbegränzt eitel“, geziert und sogar taktlos hielt sie den kirchenpolitischen Reformer und Bistumsverweser Ignaz Heinrich von Wessenberg, der ihr als Dichterin die Aufwartung machte:

Er muß jeden fremden Gedanken einige Minuten verarbeiten, ehe er ihn CAPIRT, und kömmt dann hintennach mit seinem schallenden Beyfalle, wenn längst von Anderm die Rede ist [...] – und doch – soll ich es gestehn? – doch habe ich mich bemüht liebenswürdig und geistreich vor ihm zu erscheinen, des Rufes wegen den er nun einmahl hat. – so sind wir Menschen! – wir lassen uns auch eine papierne Krone gefallen, wenn wir wissen daß Andre sie für Gold halten. (Mai 1842)

Ihr resümierendes Urteil über die Menschen ihrer Umgebung fiel deutlich positiver aus als damals in der Schweiz: „In den Schwaben ist doch mehr Lust und Leben wie in unsern guten Pumpernickeln“. Und zurück im Rüschhaus erinnerte sie sich gerne an die Monate mit Schücking, an den sie im November 1842 schrieb:

Die alte Burg und der See fallen mir doch hundertmahl ein, wenn ich die Regentropfen so an den trüben Scheiben niederrinnen sehe, und denke wie farbig, win-

terklar und poetisch dort Alles war – wohl! wohl war es eine schöne Zeit! – und so alles zusammen – die himmlische Gegend – die fast fabelhafte Burg – und drinnen die „fruchtbringende Gesellschaft" der alte Ritter, Sie und ich – es waren „die schönen Tage von Aranjuez" – habe ich Ihnen nicht immer gesagt, Sie seyen Sich des traumartigen Glücks Ihrer Lage nicht halb bewußt?

Die alte Burg, gezeichnet von Jenny von Laßberg, 1838.

Wir stehen oder sitzen noch immer auf dem hohen Balkon, haben uns vielleicht inzwischen mit einem Pfannkuchen gestärkt – kulinarische Reminiszenz an die niederländische Herkunft der „Burgherrin" – und uns über den Morgenstern gewundert, der die Spitze eines Turmes schmückt. Des Turmes, in den Annette von Droste-Hülshoff bei ihrem zweiten Meersburger Aufenthalt im Oktober 1843 einzog, weil ihr das Treppensteigen zu anstrengend oder der abgelegene Raum dann doch zu einsam war. Sie schildert in einem Brief, „wie Jenny einmal hat Fremde darin logiren und Abends die Gäste hingeleiten wollen, sie Alles in der wüstesten Unordnung und die Mägde weinend in der Küche getroffen hat, die vor Grauen daraus desertirt waren".

Den runden Turmraum nannte sie ihre „Spiegelei" – wegen der Spiegelungen des Sees an der Zimmerdecke oder weil hier der Gefangenenwärter Spiegel gewohnt hatte? Poetischer ist die erste Erklärung und durchaus wahrscheinlich, wenn man den Raum an einem sonnigen Tag erlebt.

„Mein Thurm ist köstlich, d.h. meinem Geschmacke nach", teilte die Droste in einem Brief im März 1844 Louise Schücking mit:

Einsam, graulich, – heimliche Stiegen in den Mauern – Fensterscheiben mit Sprüchen von Gefangenen eingeschnitten – eine eiserne Thür die zu Gewölben führt wo es Nachts klirrt und rasselt – und nun drinnen mein lieber warmer Ofen, – mein guter großer Tisch mit Allem darauf was mein Herz verlangt, Bücher, Schreibereyen, Mineralien – und als Hospitant mein klein Kanarienvögelchen, das mir aus der Hand frißt und die Federn verschleppt. – o es ist ein prächtiges Ding, der runde Thurm! ich sitze darin wie ein Vogel im Ey, und mit viel weniger Lust heraus zu kommen. – mein Wachtelhündchen habe ich abgeben müssen, Laßberg meinte es würde endlich Flöhe bringen, obwohl es noch so rein und seiden war wie eine Boa von PETIT GRIS – es ist mir leid gewesen, aber mein Vögelchen ist auch gut, und singt unendlich besser als Ali sooft die Glocken läuten.

Die Einrichtung der drei Räume ist nicht authentisch, besitzt aber den Charme einer nachträglichen biedermeierlichen Inszenierung, deren Aura eine Bestätigung erfordert: „do isch se g'hockt und hat dicht't" soll der spätere Bundespräsident Theodor Heuss gesagt haben, als er 1908 mit seiner Braut Elly Knapp während eines Urlaubs am Bodensee Meersburg besuchte.

Bei Gottfried Benn klingt das nicht nur weniger prosaisch, sein Gedicht „Kann keine Trauer sein" thematisiert die Distanz zu jenem fremden Leben und dessen Relikten. Sein Besuch der Alten Burg im Jahr 1953 legte jedoch den Keim, hinterließ ein Bild von jenem kleinen Bett. Übrigens hatte er – wiewohl er als Titelzeile eines Jugendgedichts „Trunkene Flut" einen Vers der Droste (aus „Im Grase) verwandte – für sie „persönlich keinen Sinn" und wollte dieses Gedicht, das letzte, das er vor seinem Tod schrieb, nicht einmal mehr veröffentlichen. Die Frage der Authentizität verliert jegliche Bedeutung vor der Wirkung des Wortes.

Gottfried Benn
– Kann keine Trauer sein –

In jenem kleinen Bett, fast Kinderbett, starb die Droste
(zu sehn in ihrem Museum in Meersburg),
auf diesem Sofa Hölderlin im Turm bei einem Schreiner,
Rilke, George wohl in Schweizer Hospitalbetten,
in Weimar lagen die großen schwarzen Augen
Nietzsches auf einem weißen Kissen
bis zum letzten Blick –
alles Gerümpel jetzt oder garnicht mehr vorhanden,
unbestimmbar, wesenlos
im schmerzlos-ewigen Zerfall.

Wir tragen in uns Keime aller Götter,
das Gen des Todes und das Gen der Lust –
wer trennte sie: die Worte und die Dinge,
wer mischte sie: die Qualen und die Statt,
auf der sie enden, Holz mit Tränenbächen,
für kurze Stunden ein erbärmlich Heim.

Kann keine Trauer sein. Zu fern, zu weit,
zu unberührbar Bett und Tränen,
kein Nein, kein Ja,
Geburt und Körperschmerz und Glauben
ein Wallen, namenlos, ein Huschen,
ein Überirdisches, im Schlaf sich regend,
bewegte Bett und Tränen –
schlafe ein! 6. 1. 1956

Der Trauer bedarf es an diesem Ort nicht, und dem Gedenken dient der Text vor der Anschauung. Lassen wir Annette von Droste-Hülshoff zu Wort kommen, in einem Brief an Levin Schücking – den sie aus Rücksicht auf mögliche Mitleser wieder siezt –, ein Jahr nach dem Erlebnis glücklicher Zweisamkeit.

Ich bin recht gern hier, obwohl außer Laßberg und Jenny, der alten Burg und dem See, eben Alles anders ist wie vor'm Jahre, als läge ein DECENIUM dazwischen, – lauter neue Domestiken, außer Augusten und dem alten Fasser, der noch immer seinen Kopf aus dem Guckloche unter der blutigen Hand hervor streckt, – die Kinder sehr langbeinig und verändert, Hildel auch moralisch sehr zu ihrem Vortheile, äußerlich Beide durch Zähne und eine hübsche Haartracht – das Kesselsche Institut fort, nach Karlsruhe verlegt, am neuen Schlosse alle Läden zu, nichts als Gefangene und Ratten darin, – der unermüdliche MAÎTRE DE PLAISIR, Stiele, in Constanz verheurathet, nur einmahl, mit dem Dampfboote, als sehr dicker ernster Hausvater sichtbar geworden. – Docktor Luschka und der Physikus beyde fort – das Liebhabertheater aufgelöst – Mama hier, und im untern Stock drey Zimmer für sie eingerichtet, die mir wie ein ganz neues Stück Welt vorkommen, – Figel fast BANQUEROUT, will sein Häuschen verkaufen, Niemand besucht ihn mehr, wir sind nur einmahl aus alter Erinnerung hingegangen, fanden Niemand dort, und konnten kaum Etwas erhalten, sein Zöpfchen steht vor Melancholie ganz schief, während seine gezwungenen Späße in der traurigen Lage einen unheimlichen Eindruck machen, und ich nicht wieder habe hingehn mögen – meine alte Trödlerin BANQUEROUT gemacht – Ich in das neue Thurmzimmer LOGIRT, das damals für Sie ausgebaut wurde, und das jetzt, MEUBLIRT, gar nicht mehr an die leeren Wände erinnert die wir anguckten – mein früheres Zimmer, so wie das Ihrige jetzt als Fremdenzimmer immer verschlossen, also für mich so gut wie gar nicht mehr da, – eben so die Gewölbe, in denen wir herum kletterten, und Ihr Thurmzimmer, in dem

nur einmahl mit dem Dampfboote, als sehr dicker ernster Hausvater sichtbar geworden. — Doctor
Lechleitner und der Physikus beyde fort — das Liebhaberconcert aufgelößt — Blume hier, und im untern
Stock drey Zimmer für sie eingerichtet, die mir wie ein ganz neues Stück Welt vorkommen, —
Siegel fast banquerout, will sein Häuschen verkaufen, Niemand besucht ihn mehr, wir sind nur ein-
mahl aus alter Erinnerung hingegangen, fanden Niemand dort, und konnten kaum etwas erhalten,
sein Töchterchen steht vor Melancholie ganz schief, während seine gezwungenen Späße in den traurigen
Tagen einen unheimlichen Eindruck machen, und ich nicht wieder habe hingehn mögen — meine alte Trödler[in]
banquerout gemacht — ich in das neue Thurmzimmer logirt, das damals für Sie ausgebaut wurde
das jetzt, meublirt, gar nicht mehr an die leeren Wände erinnert die wir anguckten — mein Schlaf-
zimmer, so wie das Ihrige jetzt als Fremdenzimmer immer verschlossen, also für mich so gut wie
nicht mehr da; — aber so die Gewölbe in denen wir [illegible], und Ihr Thurmzimmer, in dem
Sie den Lafleur und das Stiftsfräulein schrieben, — in beyden Letztern habe ich, bey einer allgemei-
nen Hausschau, recht einen Blick gethan, und es war mir wie „eine Geschichte vergangener Zeiten" — Da
sind doch viele Veränderungen für ein kurzes Jahr. — denn grade ein Jahr nach meiner Abreise bin
[ich] wieder hier angezogen — Freylich ist auch Manches geblieben, vor Allem [illegible] das Thurmzim-
mer — Alles als wär es gestern — das kleine [illegible] am Ofen unter dem die Turteltauben girren, — das Kreuz-
gang mit denselben Rebenblättern, die ein Jahr Dust gehalten — Laßbergs Noli me tangere — Winkel-
alte Uhr auf dem Schreibtische, die immer Zwölf schlägt. — dort ist die Zeit eben so unbegreiflich still gestan-
den, [illegible] unbegreiflich gerannt ist. — Herr Hufschmid um keinen Tag älter geworden, kommt
noch jeden Abend im selben braunen Rocke, spielt langen [illegible], und bittet uns nicht zu früh aufzustehn —
jeden Nachmittag geht meine alte [illegible] am Fenster — zwar mutterseelen allein, aber doch ver-
gnügt, weil mich nichts stört, nicht mehr ein neuer [illegible]. — Ungestörtheit habe ich überhaupt hier, so
viel mein Herz verlangt, ich bin hier in meinem Thurm wie begraben, und komme nur hervor, wenn
ich nach dem Läuten des Dampfboots, alte Freunde habe die Steig herauf treten gesehn, was aber sel-
ten vorkömmt — Hr. v. [illegible] ist ganz fort, nach Karlsruhe gezogen, [illegible] waren einmahl hier
[illegible] — er hat [illegible] eine sehr schöne Schi-
[illegible] in [illegible], und erkundigte sich sehr eifrig nach Ihnen — er hat [illegible] mit zwey Kindern in blauen und rothen Klei-
[dern] geschenkt, gothische Logenhallen, darunter eine Frau, mit zwey Kindern in blauen und rothen [illegible], und mir nur sichtbar wie
— sonst waren Besuche genug hier, meistens fremde Gesichter und Namen, und mir nur sichtbar [illegible]
[illegible] über Tisch blieben. — Was ich in meiner Einsamkeit treibe? — ich lese, ich beendige die Abschrift [illegible]
Gedichte, und sehe mir in der Dämmerung über den See das Abendroth an, was [illegible]
in diesem Jahre unvergleichlich schön glüht, — ich wollte, Sie könnten es mit ansehn, — [illegible] See und
Alpen waren im September und October fast täglich mit Tinten überhaucht, von denen ich früher
keine Vorstellung gehabt, — alle Zacken der Alpenreihe roth wie glühendes Eisen, und schienen da-
[illegible], — andre Mahle der See vollkommen schneeweiß, auf jeder Welle einen goldenen [illegible]
[illegible] — es ist mir unbegreiflich, daß ich habe ein ganzes Jahr hier sehn können, ohne daß mir ein solcher [illegible]
eintrat, und jetzt war es einen Tag um den andern Tag, und ich habe mir fast die Augen [illegible]
denen gesehn. — Ach, es ist doch eine schöne schöne Gegend! Sie kennen sie nur noch gewiß in ihrem
Jour — Sie sehn, die Natur thut Alles mir zu [illegible] von Außen zu ersetzen, was mir
den Mauern fehlt, denn in dieser Beziehung stehe ich hier allein, wie Sie am Besten wissen. —
[illegible] — Düster — Musiker — der meine Bekanntschaft eifrig
sollte hier jetzt ein Genie in der Stadt geben, [illegible] Thürmen [illegible]
und, unter Hr. Jungs Aufsicht, schon zweymahl an verschlossenen Thüren [illegible] nichts erkundig
aber ich habe kein Zutrauen zu dem Handel hier zu Lande, — habe mich auch noch gar nicht [illegible]
und das zufällig Gehörte vergessen, so daß ich ihn nicht weiter bezeichnen kann, weder nach Namen,
Alter, noch ob er Poetischer Dilettant oder bereits unter der Presse gelegen, — doch werde ich ihn wohl
im Laufe der Zeit sehn, da er Mitglied eines wöchentlichen [neu etablirten] Liebhaberconzerts ist, zu dem
[illegible] eingeladen bin, und doch wohl einige Mahl hingehn werde, — ich werde dann ja sehn, ob ich mir einige
geistige Ressource von ihm versprechen [illegible] — einen Leutmann darf ich hier nicht erwarten, höchstens am
[illegible] Butterbrot oder Schnittgen, was aber in dieser Dürre schon Goldwerth wäre. — Nun noch ein Wort von meinen
Gedichten — die Abschrift ist fast fertig, aber Sie, mein armes gutes Kind, sollen sich nicht damit plagen, — Sie ha-
ben jetzt eine immer wachsende Haushaltung in Aussicht, müssen zu diesem Zweck Ihre eignen und Ihrer
Frau Schriften zu poussiren suchen, ohne sich Ihre Verleger durch Protection fremder, deren Erfolg noch sehr
zweifelhaft ist, unangenehm zu machen, — ich habe das längst gedacht, und muß mich schämen, daß Laßberg es mir zu-
erst deutlich aussprechen mußte, der sich dann auch erbothen hat, sobald Alles fix und fertig, meinetwegen mit
Cotta zu unterhandeln. — so ists am Besten, und ich bitte Sie nur nur zu sagen, was ich noch [illegible] Anforderungen an
Cotta zu erwarten hätte? Sie haben damals in Stuttgart mit ihm von mir geredet, wenigstens von meinem
Buche, was müssen so [illegible] Ahndungen darüber geschöpft haben — einen abschlägigen Antwort muß ich mich nicht
[illegible], aber so wenig mein Buch umsonst geben, — soll ich mich nicht einmahl der Anfrage aussetzen, die gewissermaßen [illegible]
ihnen? — Vergessen Sie die Antwort hierauf nicht, und schreiben Sie Ihrem Mütterchen recht bald einen langen
Liebesbrief. — Gott segne mein gutes Kind, und die, welche ihm am nächsten und theuersten ist — a

Sie den LA FLEUR und das Stiftsfräulein schrieben, – in beyde Letztere habe ich, bey einer allgemeinen Hausschau, mahl einen Blick gethan, und es war mir wie „eine Geschichte vergangener Zeiten" – Das sind doch viele Veränderungen für ein kurzes Jahr! denn grade ein Jahr nach meiner Abreise bin ich wieder hier eingezogen. – Freylich ist auch Manches geblieben, vor Allem heimelte mich das Speisezimmer an, – Alles als wärs gestern das kleine Kanapee am Ofen unter dem die Lachtauben gurren, das Klavier, ganz mit denselben Notenblättern, die ein Jahr Rast gehalten – Laßbergs NOLI ME TANGERE-Winkel, – die alte Uhr auf dem Schreibtische, die immer Zwölf schlägt. – dort ist die Zeit eben so unbegreiflich still gestanden, wie sie anderwärts unbegreiflich gerannt ist. – Herr Hufschmid (um keinen Tag älter geworden) kömmt noch jeden Abend im selben braunen Rocke, spielt langen Puff, und bittet uns, nicht zu früh aufzustehn – und jeden Nachmittag geh ich meine alten Wege am Seeufer, – zwar mutterseelen allein, aber doch vergnügt, weil mich nichts stört, nicht mahl ein neuer Rebpfahl, – Ungestörtheit habe ich überhaubt hier, so viel mein Herz verlangt, ich bin in meinem Thurm wie begraben, und komme nur hervor, wenn ich, nach dem Läuten des Dampfboots, alte Freunde habe die Steig herauf traben gesehn, was aber selten vorkömmt. – Herr v. Baumbach ist ganz fort, nach Karlsruhe gezogen, Gaugrebens waren einmahl hier, Stanz ein paarmahl, und erkundigte sich sehr eifrig nach Ihnen (er hat Jenny'n eine sehr schöne Scheibe geschenkt, gothische Bogenhallen, darunter eine Frau, mit zwey Kindern in blauen und rothen Kleidchen) – sonst waren Besuche genug hier, meistens fremde Gesichter und Namen, und mir nur sichtbar wenn sie über Tisch blieben. – Was ich in meiner Einsamkeit treibe? – ich lese, beendige die Abschrift meiner Gedichte, und sehe mir in der Dämmerung über den See das Abendroth an, was eigends mir zu Liebe in diesem Jahre unvergleichlich schön glüht, – ich wollte, Sie könnten's mit ansehn, – auch der See und die Alpen waren im September und OCTOBRE fast täglich mit Tinten überhaucht, von denen ich früher keine Vorstellung gehabt, – alle Zacken der Alpenreihe roth wie glühendes Eisen, und scheinbar durchsichtig, – andre Mahle der See vollkommen schmaragdgrün, auf jeder Welle einen goldnen Saum. – Es ist mir unbegreiflich, daß ich habe ein rundes Jahr hier seyn können, ohne daß nur Ein solcher Moment eintrat, und jetzt war es mindestens ein um den andern Tag, und ich habe mir fast die Augen schwach daran gesehn. – Ach, es ist doch eine schöne schöne Gegend! Sie kennen sie nur noch gar nicht in ihrem BEAU JOUR – Sie sehn, die Natur thut Alles mir an Poesie von Außen zu ersetzen, was mir in den Mauern fehlt, denn in dieser Beziehung stehe ich hier allein, wie Sie am Besten wissen. – (Dezember 1843)

◀ Letzte Seite des Briefes an Levin Schücking vom 15. Dezember 1843. (Annähernd Originalgröße)

Die Einsamkeit hat die Droste geplagt, das geht auch aus dem wenig später an Elise Rüdiger geschriebenen Brief hervor:

Wir leben hier so ruhig voran, ohne sonderliche Abwechslung, – Ich sitze wie eine Maus im Loche in meinem Thurme, und knuspere eine Nuß nach der andern aus Laßbergs Bibliothek, zuweilen mit recht harter, saurer Schale, und auch der Kern erinnert mich oft an unsrer lieben Vorfahren rohe Eicheln, aber was thut man nicht der Ehre wegen! – Droben gehts derweil bunt zu, die gelehrten Besuche treten sich fast einander die Schuh aus, wovon ich mir denn nachher bey Tische erzählen lasse, und bis jetzt noch keinen Namen gehört habe der es mir leid machte daß ich nicht zur hand war. – lauter Professoren X. Y. und Z. – Mir fehlt hier gar nichts wie Sie, aber Sie fehlen mir arg, und ich kann kaum ein Dampfboot aus meinem Fenster heranbrausen sehn, ohne in Gedanken nach meiner Lorgnette zu greifen, ob Sie vielleicht auf dem Verdecke stehn. (Januar 1844)

Oder sie lehnte an des Balkones Gitter und wartete auf den Mond…

Mondesaufgang

An des Balkones Gitter lehnte ich
Und wartete, du mildes Licht, auf dich;
Hoch über mir, gleich trübem Eiskrystalle,
Zerschmolzen, schwamm des Firmamentes Halle,
Der See verschimmerte mit leisem Dehnen,
– Zerflossne Perlen oder Wolkenthränen? –
Es rieselte, es dämmerte um mich,
Ich wartete, du mildes Licht, auf dich!

Hoch stand ich, neben mir der Linden Kamm,
Tief unter mir Gezweige, Ast und Stamm,
Im Laube summte der Phalänen Reigen,
Die Feuerfliege sah ich glimmend steigen;
Und Blüthen taumelten wie halb entschlafen;
Mir war, als treibe hier ein Herz zum Hafen,
Ein Herz, das übervoll von Glück und Leid,
Und Bildern seliger Vergangenheit.

Das Dunkel stieg, die Schatten drangen ein, –
Wo weilst du, weilst du denn, mein milder Schein! –
Sie drangen ein, wie sündige Gedanken,
Des Firmamentes Woge schien zu schwanken,
Verzittert war der Feuerfliege Funken,
Längst die Phaläne an den Grund gesunken,
Nur Bergeshäupter standen hart und nah,
Ein düstrer Richterkreis, im Düster da.

Und Zweige zischelten an meinem Fuß,
Wie Warnungsflüstern oder Todesgruß,
Ein Summen stieg im weiten Wasserthale
Wie Volksgemurmel vor dem Tribunale;
Mir war, als müsse Etwas Rechnung geben,
Als stehe zagend ein verlornes Leben,
Als stehe ein verkümmert Herz allein,
Einsam mit seiner Schuld und seiner Pein.

Da auf die Wellen sank ein Silberflor,
Und langsam stiegst du, frommes Licht, empor;
Der Alpen finstre Stirnen strichst du leise,
Und aus den Richtern wurden sanfte Greise,
Der Wellen Zucken ward ein lächelnd Winken,
An jedem Zweige sah ich Tropfen blinken,
Und jeder Tropfen schien ein Kämmerlein,
Drin flimmerte der Heimathlampe Schein.

O Mond, du bist mir wie ein später Freund,
Der seine Jugend dem Verarmten eint,
Um seine sterbenden Erinnerungen
Des Lebens zarten Widerschein geschlungen,
Bist keine Sonne, die entzückt und blendet,
In Feuerströmen lebt, in Blute endet, –
Bist, was dem kranken Sänger sein Gedicht,
Ein fremdes, aber o ein mildes Licht!

Annette von Droste-Hülshoff ist 47 Jahre alt, als sie dieses Gedicht schreibt; und es scheint von einer abgeklärten Weisheit durchzogen. Die Beschädigungen der Vergangenheit sind zwar bei einer Lebensrückschau präsent, aber sie verschmelzen aus dem Blickwinkel des sich zwischen Himmel und Erde befindenden lyrischen Ich mit angenehmen Erinnerungen, mit der Erfahrung der Ganzheit der Natur.

Als Levin Schücking ihr ein paar Wochen später im Mai bei einem Besuch seine junge Frau Louise präsentiert, ruft sie den beiden ein deutliches „Lebt wohl" nach – voller Schmerz und voller Stolz. Ganz explizit sagt sie in diesem Gedicht, das sie dem Paar zum Abschied überreicht, was ihr am wichtigsten ist: das Zauberwort! Nur in der Einsamkeit – so sollte man die letzten Strophen lesen – ist Inspiration möglich, kann die wilde Muse ihrer Dichtung geweckt werden.

Lebt wohl

Lebt wohl, es kann nicht anders seyn!
Spannt flatternd eure Segel aus,
Laßt mich in meinem Schloß allein,
Im öden geisterhaften Haus.

Lebt wohl und nehmt mein Herz mit euch
Und meinen lezten Sonnenstrahl,
Er scheide, scheide nur sogleich,
Denn scheiden muß er doch einmal.

Laßt mich an meines Seees Bord
Mich schaukelnd mit der Wellen Strich,
Allein mit meinem Zauberwort
Dem Alpengeist und meinem Ich.

Verlassen, aber einsam nicht,
Erschüttert, aber nicht zerdrückt,
So lange noch das heil'ge Licht
Auf mich mit Liebesaugen blickt,

So lange mir der frische Wald
Aus jedem Blatt Gesänge rauscht,
Aus jeder Klippe, jedem Spalt
Befreundet mir der Elfe lauscht,

So lange noch der Arm sich frei
Und waltend mir zum Aether streckt,
Und jedes wilden Geiers Schrei
In mir die wilde Muse weckt.

Im September 1844 reist Annette von Droste-Hülshoff gemeinsam mit ihrer Mutter von Meersburg nach Münster: Ihr bei Cotta in Stuttgart verlegter Gedichtband wird gut besprochen, häufig erscheinen Gedichte in Zeitungen und Zeitschriften. Als sie zwei Jahre später, im September 1846 ihre letzte Reise gen Süden antritt, ist sie schwer krank und möchte eigentlich nur „bei den meinigen" sterben. Dieses Sterben zieht sich über zwanzig Monate hin, während derer sie kaum mehr am gesellschaftlichen Leben teilnimmt.

Zwischen der Ankunft am 1. Oktober 1846 und dem folgenden Frühjahr verläßt sie ihr Zimmer nicht. In einem Brief an Elise Rüdiger im Februar 1847, der eine ausführliche Reisebeschreibung und ein regelrechtes Krankenbulletin enthält, beschreibt sie, wie ihre Mutter, Jenny und Laßberg ihr regelmäßig Gesellschaft leisten und Begebenheiten des Tages schildern, dabei aber alles Aufregende vermeiden.

Ueberhaupt langweile ich mich gar nicht , – meine Phantasie arbeitet nur zu sehr, und ich muß aus allen Kräften dagegen ankämpfen. – jede etwas unebene Stelle an der Wand, ja jede Falte im Kissen, bildet sich mir zu, mitunter recht schönen, Gruppen aus, und jedes zufällig gesprochene etwas ungewöhnliche Wort, steht gleich als Titel eines Romans oder einer Novelle vor mir, mit allen Hauptmomenten der Begebenheit. – Sie sehn wie überreizt ich noch bin; – Gott! dürfte ich jetzt schreiben, (d.h. DICTIREN) wie leicht würde es mir werden! – aber wie bald würde ich auch wieder alle Viere von mir strecken! – Meine Spiegeley ist ganz reizend –

heizt sich vortrefflich, faßt jeden Sonnenblick auf, und ist, durch den Widerschein des Sees, selbst in den trübsten Tagen immer hell, dazu vor mir auf dem Tische immer ein paar Töpfe in voller Blüthe aus dem Treibhause, – wenn ich aufsehe, der immer lebendige, oft himmlisch beleuchtete, See mit seinen Fahrzeugen und die Alpen – ich spüre auch gar nichts vom Winter, und freue mich deshalb auch gar nicht auf den Frühling mit seinem garstigen AEQUINOCTIUM, was mich immer krank macht, um so weniger da ich doch vor dem Eintritt beständiger Sommerwärme (etwa um das Ende Mays oder Anfangs Juny) das Zimmer nicht verlassen soll.

Auch im Sommer ist sie so schwach, daß sie die Spiegelei nur verläßt, „um bis zur grünen Bank auf dem Hofe zu schleichen“. Dort hat Jenny, die begeisterte Gärtnerin, mit viel Mühe einen Garten angelegt, sogar Zitronen-, Pfirsich- und Feigenbäume gepflanzt. Immerhin entsteht, vermutlich für eine Bekannte, der sie ihr Buch schickt, das Gedicht:

Auf hohem Felsen lieg ich hier

Auf hohem Felsen lieg ich hier
Der Krankheit Nebel über mir
Und unter mir der tiefe See
Mit seiner nächtgen Klage Weh
Mit seinem Jubel seiner Lust
Wenn buntgeschmückte Wimpel fliegen
Mit seinem Dräun aus hohler Brust
Wenn Sturm und Welle sich bekriegen

Mir ist er gar ein trauter Freund
Der mit mir lächelt mit mir weint
Ist wenn er grünlich golden ruht
Mir eine sanfte Zauberfluth
Aus deren tiefen klaren Grund
Gestalten meines Lebens steigen
Geliebte Augen, süßer Mund
Sich lächelnd winkend zu mir neigen

Wie hab ich gar so manche Nacht
Des Mondes Widerschein bewacht
Die bleiche Bahn auf dunklem Grün
Wo meiner Todten Schatten ziehn
Wie manchen Tag den lichten Hang
Bewegt von hüpfend leichten Schritten
Auf dem mit leisem Geistergang
Meiner Lebendgen Bilder glitten

Und als dein Bild vorüber schwand
Da streckte ich nach Dir die Hand
Und weh ward's in der Seele mir
Daß du nicht weißt wie nah sie dir
So nimm denn meine Lieder hin
Sie sind aus tiefer Brust erklungen
Nimm sie mit alter Liebe Sinn
Und denk ich hab' sie Dir gesungen.

Laßberg berichtete in einem Brief, die Droste habe noch eine Stunde vor ihrem Tod zu Jenny gesagt, sie „hoffe nun für immer, bei uns zu bleiben". Und ihre Nichte Hildegard schrieb über den Sterbetag:

Am 21. Mai 1848 war die liebe gute Fürstin Salm bei uns, die sie so lieb hatte. Alle waren froh und munter. Am folgenden Morgen ließ sie sagen, daß sie in der Nacht etwas Blut ausgeworfen habe. Natürlich wurde gleich der Arzt, Dr. Kraus, gerufen; es schien ihm nichts Bedenkliches. Sie war gleich bereit, die hl. Sakramente zu empfangen. Der Arzt meinte, sie solle noch etwas warten, es sei gar keine Gefahr da. Er schrieb ihr nur vor, einige Zeit ganz ruhig im Bette zu bleiben und nichts zu sprechen. So ging der Montag und Dienstag ruhig hin, das Blutspeien wiederholte sich nicht. Den 24. war unsere Mutter bis zwölf Uhr bei ihr, ging zum Essen hinauf und ich blieb da bis etwa vor zwei Uhr. Da kam meine Schwester und ich ging fort. Als nun die Tante von einer Milchspeise aß, die ihr gebracht war, kam ihr wieder ein wenig Blut in den Mund und sie schickte meine Schwester, um es zu sagen, hinauf. Es war ein sehr weiter Weg zum Eßzimmer. Meine Schwester kehrte gleich zurück, auch die Mutter folgte ihr sogleich, aber sie fanden sie nicht mehr lebend. Der Arzt war auch gleich gerufen worden, konnte aber nur bestätigen, daß der Tod ganz schnell und ganz sanft stattgefunden habe. Mein Gott, welch ein Schrecken, obwohl im Grunde ohne Ursache, denn Tante Nette war schon lange darauf vorbereitet. Aber welch ein Schmerz für uns! Ihre Lage war ruhig, als wenn sie schliefe. Es war ein prächtiger sonniger Tag. Auch als sie begraben wurde.

Die beiden letzten Gedichte der Droste aus dem Jahr 1848 sind – durchaus bezeichnend – Dedikationen: an ihren Schwager Joseph von Laßberg zu dessen Geburtstag am 10. April und das folgende an einen Freund, den Freiherrn von Madroux, datiert Meersburg am Bodensee. 15. Januar 1848.

Als diese Lieder ich vereint

Als diese Lieder ich vereint
Zum Kranz in ferner Heimat paarte,
Da, freylich, kannt' ich nicht den Freund,
Den mir die Zukunft aufbewahrte.
Da wußt' ich nicht wie manchem Wort
Das ich aus voller Brust gesungen,
Lag in der seinen der Accord
Der es harmonisch nachgeklungen.

Doch da in ernster Gegenwart,
In freundlicher doch fremder Zone,
Mir seines Beyfalls Freude ward
Und seiner Freundschaft Ehrenkrone,
Nun reich' ich gern die Blätter dar,
Was Flüchtges drinn, – das sey vernichtet;
Was ritterlich, was gut und wahr –
Das sey als hab' ich's Dir gedichtet.

„Wie ich so droben die ganze Gegend controlliren kann“

Das Fürstenhäusle mit dem Droste-Museum

6.

Jetzt muß ich Ihnen auch sagen, daß ich seit acht Tagen eine GRANDIOSE Grundbesitzerin bin, ich habe das blanke Fürstenhäuschen, was neben dem Wege zum Frieden liegt – doch dort waren Sie nicht, aber man sieht es gleich am Thore, wenn man zum Figel geht – nun das habe ich in einer Steigerung, nebst dem dazu gehörendem Weinberge, erstanden – und wofür? – für 400 Reichsthaler – Dafür habe ich ein kleines aber massiv aus gehauenen Steinen und geschmackvoll aufgeführtes Haus, was vier Zimmer, eine Küche, großen Keller, und Bodenraum ent-

hält, – und 5000 Weinstöcke, die in guten Jahren schon über zwanzig Ohm Wein gebracht haben, – es ist unerhört! aber Keiner wollte bieten, dieses unglückliche Jahr bringt nur Verkäufer hervor. – Gottlob ists kein armer Schelm, dem ich es abgekauft, sondern der reiche Grosherzog von Baden, dem dies vereinzelte Stückchen DOMAINE lästig war. – früher gehörte es den Bischöfen von Constanz, und der letztverstorbene ließ dies artige Gartenhaus bauen, wo er manchen Tag soll gespeißt haben, – die Aussicht ist fast zu schön, d.h. mir zu belebt was die Nah- und zu schrankenlos was die Fern-sicht betrifft. – es ist der höchste Punkt dieser Umgebungen – gleich am Fuße des Hügels zwey sich kreuzende CHAUSSÈEN, tiefer Stadt und Schloß Meersburg, die hier ganz niedrig zu liegen scheinen, – als nächste Punkte darin (etwa tausend Schritt entfernt) und sich wunderschön präsentirend, rechts das alte Schloß, links das Seminar, von dem Nachmittags der schöne

Das Fürstenhäusle auf dem Hindelberg. Zeichnung von Leonhard Hohbach, März 1846.

Chorgesang so deutlich aufsteigt, daß keine Note verloren geht, – tief unten der See mit seiner ganzen Rundsicht, die Insel Meinau, Constanz, Münsterlingen, das Thurgau, ST Gallen, auf der einen Seite nur durch die Alpen beschränkt (von denen ich hier noch die ganze Tyroler Kette als Zugabe habe) von der andern durch die höchsten Kegel des Hegau's, – es ist eigentlich wunderbar schön, und die Meersburger halten dieses Fürstenhäuschen (auch der Hindelberg genannt) für eine unschätzbare Perle, – mir ists aber fast zu viel und zauberhaft und wie ich so droben die ganze Gegend CONTROLLIREN kann, jeden Bürger der auf die Gasse oder auch nur ans Fenster, jeden Bauern der in seinen Hofraum tritt, so komme ich mir vor wie der Student von Salamanka, dem der hinkende Teufel die Hausdächer abgehoben hat, und mir ist beynahe sündlich zu Muthe. – Vom Häuschen bis zur

CHAUSSÈE hinunter führt eine Steintreppe mitten durch die Reben, die ich zum Laubengange machen, und auf der Hälfte, mittelst zweyer Ausbiegungen, mit ein paar niedlichen versteckten Ruhbänken versehen will, unten ist die Treppe schon durch ein hübsches Gatterpförtchen verschlossen, ich habe nichts zu thun als die nächsten Rebenreihn aufranken zu lassen, und die kleine Rotunde in der Mitte zu besorgen, wozu ich nur drey oder vier Weinstöcke wegzunehmen, und die dahinter stehenden zu benutzen habe, in zwey Jahren kann Alles dicht und schattig seyn. was sagen Sie dazu? – die Reben hat der alte Bischof mir aufs Beste gewählt, Burgunder, Traminer, Gutedel – ET CET. und die eine (Sonnen-) Seite des Abhangs bringt solchen Wein als Laßberg Ihnen vorgesetzt, die andere geringeren, – so kann ich also in guten Jahren auf zehn Ohm vortrefflichen, und eben so viel mittelmäßigen Wein rechnen, – grad hinter dem Hause, wo der Schatten desselben den Reben sehr schadet, will ich diese ausroden, den Boden gleich machen, und eine kleine Blumenterasse, nicht groß genug zum Spatzierengehn, aber angenehm fürs Auge, mit lange und reichlich blühenden Blumen, Georginen, Rosen, Levkojen, ET CET. bepflanzen lassen. O, Sie sollen sehn, ich mache ein kleines Paradies aus dem Nestchen! – schade, daß ich meine meiste Lebenszeit 200 Stunden davon zubringen werde! oder vielmehr, Gottlob, daß der heimische Boden und ich uns immer einander treu und sicher bleiben, und mir doch, falls mir von Zeit zu Zeit die hiesige Luft wieder nöthig würde, bey allen denkbaren Wechselfällen ein niedliches CHEZ MOI nicht fehlt. – Nun will ich Ihnen auch das Innre des Hauses beschreiben. – man geht mit einer hübsch geschweiften etwa acht Stufen hohen Steintreppe in den untern Stock, der nur das Paradezimmer und die Küche enthält, Ersteres ein Gemach von angenehmer Größe, mit einem Erker, in den der Kanapee mit Tisch und einigen Stühlen hinlänglich Raum haben, und das übrige Zimmer unbeengt lassen, man sitzt dort wie in einem Glaskasten, ein Fenster im Rücken und zwey zu den Seiten, aber Besuchenden wird es himmlisch scheinen, der Aussicht wegen, in dies Zimmer tritt man unmittelbar von der Treppe, – die Küche daneben (wo ich einen zweyten Eingang werde brechen lassen,) ist klein, doch nicht bis zur Unbequemlichkeit, und es läßt sich mit wenigen Gulden einrichten, daß das Heerdfeuer zugleich den hübschen Kachelofen des Zimmers heizt, was im Winter sehr angenehm, und im Sommer durch Oeffnung der Fenster nach der jedesmaligen Schattenseite, und Ladenschließung der übrigen leicht zu PARALISIREN ist, da mein Kochheerd doch nicht allzu lange und stark brennen würde, und bey winterlichen Besuchen nothwendig nachgeheitzt werden müßte, – doch würde das Zimmer immer trocken, und eine gelinde Temperatur darin erhalten werden, die die Besuche gleich hinein zu führen erlaubte. – aus der Küche führt eine Wendelstiege und Fallthür in den oberen Stock, meine eigentliche Dachshöle (oder Schwalben-

nest) – Alles mit Zierlichkeit gemacht, die Stiege hübsch gewunden, die Fallthür wie Getäfel geschnitzelt, und sich in die Wand fugend, so daß sie bey Tage nicht bemerkt, sondern für eine Verzierung gehalten wird; Nachts, wenn sie geschlossen ist, paßt sie (mit der andern Seite) sehr genau in den Fußboden, und macht die kleine obere ENTRÈE zu einem artigen Zimmerchen, wo im Hintergrunde, hinter anständigem weißem Vorhange das Kammerjungfernbett verborgen seyn, und diese auch in Sommertagen ihre Nätherey am Fenster beschicken kann, – hieran stößt dann mein eigentliches Quartier, ein heizbares Wohnzimmer, etwa um ein Drittel größer wie Ihr Kabinetchen, und ein Schlafzimmerchen, grade groß genug für das Nöthige, Bett, Waschtisch, Schrank, und noch einigen Raum zu freyer Bewegung. – Sagen Sie Selbst, Elise, was bedarf ich mehr? – auch fällt mir eben ein, daß ich statt des Eisenofens im Wohnzimmer ja einen Kachelofen kann mauern lassen, der das Kammerjungfernzimmer mitheitzt, so daß ich diese zu keiner Zeit um mich zu haben brauche, der Keller geht unters ganze Haus her, und ist sehr gut, so wie der Bodenraum unterm Dache überflüssig geräumig, und es ließ sich dort leicht ein Verschlag herrichten, wo ich, der Sicherheit wegen, meinen Winzer könnte schlafen lassen, einen Mann, der sonst in der Stadt wohnt, und außer der Besorgung der Reben für ein Gewisses nicht in meinem Dienste steht, aber dann gern für eine Kleinigkeit zu Bestellungen und sonstiger Aushilfe bereit seyn würde, – einen Brunnen habe ich nicht, aber ein Bleichplätzchen, und nicht hundert Schritte vom Hause eine Quelle, die Winter und Sommer fließt. – kurz, ich sage Ihnen, es ist allerliebst, Laßberg sagt: „je mehr man es untersucht, je besser wird es" Dach, Gemäuer, Fußböden, Thüren, Alles im besten Stande, von den Fensterläden nur zwey etwas schadhaft, aber an den Fenstern selbst vieles ZU REPARIREN, und dieses die einzige etwas bedeutende Ausgabe. – Lieb Lies, ich habe Sie gewiß ermüdet mit meiner neuen Freude, wo Sie Sich doch nicht recht hinein denken können.

Wie alle späteren Leser wird die Freundin Elise Rüdiger ihre Freude an dieser begeisterten Schilderung gehabt haben – selten hat die Droste so geschwärmt wie in diesem Brief vom November 1843. Wer das Fürstenhäusle besucht, ist von der Lage, der Aussicht, dem Charme des Gebäudes entzückt. Bei unserem Spaziergang durch Meersburg haben wir ja nicht nur zahlreiche mit der Dichterinnen-

Silhouette gezierte Hinweisschilder auf das „Droste-Museum in Annettes Fürstenhäusle“ gesehen, sondern an einigen Stellen der Oberstadt auch einen Blick auf das hoch oben auf dem Hindelberg gelegene rosafarbene Häuschen mit den weißen Läden erhascht. Vom Obertor aus ist es in wenigen Minuten zu Fuß zu erreichen, einfach rechts die Stettener Straße entlang, dann links die Stufen und durch den Weinberg hinauf. Während wir, noch ein wenig außer Atem vom Treppensteigen, auf der Terrasse die Aussicht genießen, bis die nächste Führung beginnt, sei die Geschichte erzählt.

Das Fürstenhäusle – oder Fürstenhäuschen, denn Annette von Droste-Hülshoff konnte als Norddeutsche den schwäbischen Diminutiv nicht über die Lippen bringen – war um 1600 von dem Konstanzer Domherrn Jakob Fugger (deshalb heißt es gelegentlich Fuggerhäusle) erbaut worden und diente den Fürstbischöfen wohl eher, „um im Sommer die Nachmittage dort zuzubringen“, denn zum Wohnen, zuletzt den noch in Meersburg residierenden und von daher stammenden Brüdern von Rodt. Nach der Säkularisation fiel das Grundstück an das Großherzogtum Baden und gehörte zur Verwaltung des Priesterseminarfonds. Als das Seminar 1837 nach St. Peter im Schwarzwald übersiedelte, wurde das Fürstenhäusle im Zuge einer allgemeinen Versteigerung von Grundbesitz zum Verkauf angeboten. An jenem 12. November 1843 standen „Reben im Fuggerschen Rebberg nebst einem von Stein erbauten Lusthäuschen“ zur Disposition, und die Droste fand sich nicht ganz zufällig morgens um 10 Uhr im Seminar-Gebäude ein. Schon im ersten Jahr ihres Meersburger Aufenthaltes hatten die Laßbergs am Hindelberg ein

Grundstück erworben und mit Obstbäumen, Gemüse und Blumen bepflanzt. 1841 kauften sie dazu für 400 Gulden noch einen nordwestlich angrenzenden „Krautgarten", so daß „Jenny im folgenden Frühjahr bis über den Ohren in der Gärtnerey" steckt, wie die Droste der Mutter schrieb. Und Laßberg taufte die aus Samen gezogenen Aurikeln (Schlüsselblumen) „mit einem Nibelungen- und Liedersaal-Namen nach dem anderen". Auf diesem Grundstück stand ein kleines Häuschen, von der Familie „Jennyburg" genannt. Es besaß unten „einen Verschlag für Brennholz oder andre Vorräthe, oben ein niedliches Zimmer mit eisernem Ofen, und eine kleine Küche, rechts und links ein paar Nebengebäudchen wie Schilderhäuschen, das eine um Gartengeräthe hinein zu setzen, das andre für eine gewisse Bequemlichkeit". Die Droste fügte hinzu, daß mit wenigen Änderungen eine einzelne Person dort allerliebst wohnen könnte – vielleicht dachte sie dabei an sich selbst? Jedenfalls lagen die beiden Grundstücke in unmittelbarer Nähe des Fürstenhäusle, so daß sie es zumindest schon von außen kannte. Zwei Jahre später, im November 1845, verwandte Jenny den Ertrag aus dem Weinberg der Schwester, um noch das Rebgrundstück des Küfermeisters Rupert Senft zu erwerben: „Ich habe den Garten den du sosehr zu haben wünschtest, der rückwärts am Hindelberg liegt, gestern wirklich gekauft für 350 Gulden, freilich Geld genug, aber der Boden ist gut, er hat 14 große und kleine Obstbäume, und er gehört der Lage wegen so zu sagen durchaus dazu." Die Droste freut sich in ihrem Antwortbrief: „Daß ich soviel Glück mit meinem Rebberg habe ist prächtig, und die Aquisition des Gartens gefällt mir ebenfalls sehr, – ich fange jetzt an eine ordentlich potente Grundbesitzerin zu werden."

Auch über die Versteigerung selbst existiert eine Beschreibung der Droste:

Diese niedliche MINIATÜR-Besitzung, die ihre Herrn weit weg in Freiburg hatte, war Jedermanns Augenmerk, und als sie zum Verkauf kam, stürmten alle Honoratioren zu. Ich gieng auch hin, warum weiß ich kaum, – ich dachte wohl, es wäre hübsch, wenn ich es kaufen könnte, um es einstens, da es doch an Jenny's Garten stößt, ihren Kindern zu hinterlassen, die doch von meinem übrigen Vermögen nichts mitkriegen, – aber es fiel mir nicht ein, daß ich es könnte. – so wie ich hereinkam fragte mich einer der Honoratioren: Wollen Sie mit bieten? ich sagte, „vielleicht, nachdem es fällt", – worauf gleich mehrere der Herrn fortgingen, auch mehrere der Bauern, und die Andern blieben ruhig sitzen und boten nicht, außer einem Bauern, der auch bald still schwieg, als ich ganz PIANO anfing, gegen ihn zu bieten, und so wurde mir schon nach einen paar Minuten die ganze Geschichte, für 400 Thaler zugeschlagen, – was sagst Du dazu? – Alle sagen, ich hätte lächerlich wohlfeil gekauft, – die Reben allein, kosteten hier, in schlechter Lage ebensoviel, und in guter wenigstens das Doppelte, und das Haus hätte ich ganz umsonst. – Der Verkauf ist zwar noch nicht bestätigt, aber Alle sagen, das werde nicht ausbleiben, da die Besitzer dieser Kleinigkeit zugleich ganz große anstoßende Strecken mit haben versteigern lassen, die Alle so hoch aufgetrieben sind, daß dieser kleine Schaden gegen den großen Profit, gar nicht in Betracht kömmt, und sie gewiß deßhalb die Auction nicht umstoßen werden. –

„Das Geld dazu" – heißt es im selben Brief an ihre Stieftante Sophie von Haxthausen vom Januar 1844 weiter – „bekomme ich jedenfalls für die erste Ausgabe meiner Gedichte; gibt's mir Cotta nicht, so haben schon Andere höher geboten". Diese so selbstbewußte wie geschäftstüchtige Äußerung führte zu der allenthalben tradierten und wohlklingenden Behauptung, Annette von Droste-Hülshoff habe das Fürstenhäusle vom Honorar des Buches gekauft. Tatsächlich befand sich Levin Schücking im Winter noch in Verhandlungen mit dem Verleger Cotta in Stuttgart, und die dann erzielte Summe von 500 Reichstalern (gleich 875 Gulden) stand erst im Februar fest. Übrigens war es ein hohes Honorar, selbst renommierte Autoren wie Ludwig Uhland und Nikolaus Lenau erhielten weniger.

Noch am 14. Dezember hatte die Droste an Schücking geschrieben, sie sei „freylich durch eigne Schuld, in diesem Jahr völlig geldlos", weil sie sich durch die Billigkeit des Preises habe verleiten lassen, das Fürstenhäuschen zu kaufen; „allerdings wohlfeil, aber doch um weit mehr als einen jährlichen Betrag meiner Leibrente“. Sie habe ihr Kostgeld und den zur Rückreise bestimmten Betrag ausgegeben, bei ihrem Bruder eine Anleihe tätigen müssen, hoffe aber auf einen guten Weinertrag von 40 Ohm (!) und habe ein „niedliches Asyl von fünf Zimmern mit himmlischer Aussicht“ – „und zwar in der Luft die mir allein zusagt, und endlich wohl meine heimische werden muß“.

Die Bestätigung des Kaufes verzögerte sich, erst unter dem 12. April 1844 findet sich im Grund- und Pfandbuch folgender, auf das Fürstenhäusle und seine Reben bezogener Eintrag: „Nach dem in legalisierter Abschrift vorgelegten Steigerungsprotokoll vom 12. November 1843 verkauft die Meersburger Priesterhausverwaltung mit unterm 8. März 1844 Nr. 4684 ertheilten Genehmigung Großh. Katholischen Oberkirchenrates in Karlsruhe nachfolgende Liegenschaften in Steigerung aus freier Hand in hiesiger Gemarkung an die Annette Freyin von Droste Hülshoff: 140 Ruthen Reben in Hindlesperg und 249 Ruthen Reben allda für und um die Kaufsumme von 700 fl. – sage – Siebenhundert Gulden.“ Das sind umgerechnet 466 Reichstaler – in den Briefen ist mal von 400, mal von 500 Talern die Rede. Die Rechnung wurde schließlich erst im Herbst 1844 fällig, so daß das Honorar von Cotta schließlich doch für den Kauf des Fürstenhäusle verwendet werden konnte.

Bei Lektüre der Briefe fragt man sich, was der stolzen Besitzerin eigentlich wichtiger war: ihr kleines Tusculum als Ruhesitz und Lieblingsaufenthalt, das sie dann tatsächlich nur wenige Stunden nutzen konnte, oder der Weinberg, der einen ordentlichen Ertrag bringen sollte? Sie schätzte diesen (meist realistisch) auf 20 Ohm, das wären etwa zweieinhalb tausend Liter Wein. Sie war „bey ziemlich blindem Zutappen, an einen in jeder Hinsicht vortrefflichen Winzer gerathen“ und schon im ersten Jahr hingen ihre Stöcke „so voll Trauben, daß die Leute der Merkwürdigkeit halber extra hin spatzieren“. Der Ertrag war dann mäßig, Jenny von Laßberg meldete detailliert, daß sie 5 Ohm roten und 7 Ohm weißen Wein, außerdem Trester und Äpfel verkaufen konnte. Über die Weinernte des Jahres 1845 berichtete die Droste, daß es in ihrem Weinberg alles verregnet, „heuer wenige und essigsaure Trauben gegeben“ habe, aber immerhin einen Überschuß von sechzig Talern. Eine ausführliche und überaus kundige Schilderung lieferte sie ihrem Bruder Werner im Jahr 1846, das man das schönste Weinjahr des Jahrhunderts nannte – in Meersburg wurden 1 350 000 Liter Wein gekeltert. Heute gehört der Weinberg dem Staatsweingut. Angemerkt sei an dieser Stelle, daß damals in Westfalen Wein wuchs, denn Therese von Droste-Hülshoff erinnerte Jahre zuvor ihre Tochter im Rüschhaus in einem Brief daran, die Weinstöcke zur rechten Zeit zu bedecken.

Wir haben hier eine schöne Weinerndte gehabt, hätten aber fast das Doppelte haben können, – Der Stadtrath (selbst lauter Rebenbesitzer) hatte nämlich, aus übermäßiger Gierigkeit, um die Trauben zur möglichst höchsten Reife gelangen zu lassen, den Anfang der Lese fast um drey Wochen später als die Umgegend angesetzt, obwohl alle weißen Trauben schon überreif waren, und der erste Regentropfen sie zum Faulen bringen mußte, so sind hier die weißen Trauben fuder-weiß verfault. – Da wir nun keine eigne Kelter haben, musten wir uns mit in diese Unvernunft schicken – Ich hatte zudem das Unglück beym Ziehen der Nummern, wie man nacheinander zum Keltern zugelassen wird, fast die letzte Nummer zu ziehen, bin somit noch über vierzehn Tage später als diejenigen die den Anfang machten, und habe bedeutenden Schaden gelitten, – Als meine Trauben noch alle gut, und schon völlig reif waren, wurde der Ertrag von Sachverständigen auf 30 Ohm angeschlagen 14 weißen und 16 rothen, und zudem, sagte man, werde selbst der weiße Wein in diesem Jahre so delikat werden, daß ich ihn, schon gleich von der Kelter, würde für mindestens 35 Gulden verkaufen können, was dann allein 490. Gulden gebracht hätte, – statt dessen wurden meine weißen Stöcke wahre Moderhaufen, wo man nur hinrührte flog weißer Staub auf, als wenn man einen Puffer zertritt. – 7 Ohm giengen gänzlich verloren, – 7 machte ich noch aus elenden halbfaulen

Trauben, so schlecht daß ich anderthalb Ohm von meinem prächtigen Rothen muste dazwischen laufen lassen, um ihn noch mit knapper Noth zu 19. Gulden PER Ohm zu verkaufen, – so daß ich aus diesen 7 1/2 Ohm und den sämmtlichen Trebern nur die Summe von 171. Gulden gelößt habe. – Nun aber zu meinem Rothen, – dieser hatte nicht durch den Regen gelitten, da die Trauben damals noch nicht überreif waren, dagegen waren sie, durch das nachfolgende lange Hängen, nicht nur überreif sondern ganz schrumpflich geworden, so daß sie beym Keltern statt 16 nur noch 12 1/2 Ohm Saft gaben der aber in diesem Jahre der allerbeste in Meersburg gewachsene Wein ist, theils eben des späten Kelterns wegen, theils weil ich die letzten 1 1/2 Ohm nicht dazwischen genommen, sondern zwischen den weißen habe laufen lassen, so daß mein sämmtlicher rother Wein Vorlauf ist. – Ich habe ihn aufgelegt in einem Fuderfaß, und den übrigen Ohm zum Auffüllen daneben. – er ist so zuckerhaltig, daß sich an der Mostprobe gar kein Grad mehr zur Bezeichnung seiner Süßigkeit vorfand, und man sagt mir, in ein paar Jahren müste ich wenigstens 70 Gulden für den Ohm haben; – Da hätte ich meine 700 Gulden in einmal wieder heraus! – d.h. ich habe freylich Nichts davon, aber es freut mich doch wenn das Rebgütchen etwas anwächst, weil es doch das Einzige ist was ich den hiesigen Kindern hinterlasse; – (An Werner von Droste-Hülshoff im Oktober 1846)

Die Droste hat weder ihre Pläne zum Ausbau des Fürstenhäuschens und der Anlage des Gartens realisieren können, noch hat sie sich dort längere Zeit aufgehalten – es blieb beim Traum von einem Refugium. Einer Bemerkung in einem Brief an Jenny über die Zeichnung von Leonhard Hohbach möchte man entnehmen, daß es auch nicht unbedingt bewohnbar war: „Danke Herrn Hohbach doch auch für die Zeichnung die mich sehr gefreut hat, – mein gutes Häuschen! – wenn man es so ansieht sollte man denken man könnte stehenden Fußes hineinziehen – aber wenn man drin ist! – „und die Welt war ohne Licht (respektive Fenster) und leer!"

Immerhin wurde es gestrichen und zwar von außen auffallend, denn Philippa Pearsall schrieb im August 1844: „Wir haben einen breiten See zwischen uns und alles was wir bis jetzt von Ihnen sehen können ist Ihre neue Besitzung bei den Meersburger Rebhügeln, welche seit dem frischen Anstrich sehr deutlich durch das

Fernrohr zu sehen ist." Levin Schücking gefällt dieser – wohl innen noch farbiger geratene – gar nicht, wie seinen Erinnerungen zu entnehmen ist: „Wunderlich roth, blau und grün war er angestrichen, dieser bewohnbare Pavillon, aber der Maler im Städtchen hatte ihn mit großem Stolze auf seine Leistung so schön dekoriert und nun konnte Annette es nicht übers Herz bringen, den ländlichen Paul Veronese mit dem Auftrage zu kränken, über seinen leuchtenden Farbenglanz einfachere Töne zu legen." Vielleicht muß man es sich vorstellen wie auf dem Ölgemälde des Malers Ferdinand Radziwil von 1932, auf dem das Fürstenhäusle sehr bunt von der Höhe leuchtet.

Als Annette von Droste-Hülshoff im Oktober 1846 zu ihrem dritten Aufenthalt nach Meersburg reiste, war sie bereits so krank, daß sie die Alte Burg nicht mehr, kaum ihre „Spiegelei" verlassen konnte. Doch noch im März 1848 hoffte sie, im Sommer ihr Fürstenhäuschen wieder besuchen zu können.

In ihrem Testament übereignete sie die Grundstücke ihrer Schwester Jenny, nach deren Tod 1859 ging der Besitz an die Zwillinge Hildegard und Hildegunde von Laßberg. Als Hildegard 1914 starb, erbte ihn der jüngste Neffe der Droste, Karl von Droste-Hülshoff. Um dort wohnen zu können, ließ er das Fürstenhäusle umbauen und nach Norden erweitern, so daß es heute stark vom ursprünglichen Zustand abweicht.

Dennoch erhält man in den heutigen Räumen des Droste-Museums mit dem Paradezimmer im Erdgeschoß, dem anschließenden Weinstübchen und vor allem im „Schwalbennest", dem lichtdurchfluteten Raum im Obergeschoß, einen Eindruck davon, wie die

Droste sich wohl ihr zweites „Schneckenhäuschen“ analog den Zimmern im Rüschhaus bei Münster eingerichtet hätte. Mit Schreibtisch und Hammerklavier, Sofa und Schaukelstuhl, mit Erinnerungsstücken und Porträts von Menschen ihrer Umgebung, vor allem mit Vitrinen voller Sächelchen, denn – wie Walter Benjamin sie charakterisierte: „Annette von Droste war eine Sammlernatur, eine seltsame freilich, in deren Stube neben Steinen und Broschen noch Wolken und Vogelschreie ihren Platz fanden, und in der darum das Magische und das Spinöse dieser Leidenschaft mit unerhörter Heftigkeit sich durchdringen.“

Das Fürstenhäusle hat sie nie im Gedicht thematisiert, vielleicht war es ihr zu lieblich, zu paradiesisch, zu privat – eine Dachshöhle für den Rückzug von der Welt und zugleich Schwalbennest zum Hinausfliegen? Mit dem langen Fernrohr hätte sie die Berggipfel betrachten können und insgeheim wohl auch hinter die Kulissen der bürgerlichen Meersburger Welt schauen, wie es ihre Anspielung auf den hinkenden Teufel und den Studenten aus Salamanka aus den Romanen von Alain-René Lesage andeutet.

Karl von Droste hatte das Fürstenhäusle 1915 erstmals der Öffentlichkeit präsentiert, seine Witwe Marie, geborene Freiin von Bothmer, sammelte engagiert Handschriften, Photographien etc. für ein Museum und gab 1923 die unteren Räume zur Besichtigung frei. Als sie 1936 starb, ging es durch Testament an ihre Angehörigen, die freiherrliche Familie von Bothmer zu Schwegerhoff bei Osnabrück über und wurde zuletzt von der Witwe Heinrichs von Bothmer, Baronin Helen von Bothmer, betreut. An die beeindruckende Erscheinung der „Amerikanerin" erinnern sich frühere Meersburg-Besucher noch gerne. Da sie keine Kinder hatte, sicherte sie den Fortbestand durch den Verkauf des (in den fünfziger Jahren noch einmal durch einen Anbau erweiterten) Fürstenhäusle an das Land Baden-Württemberg im Jahr 1960, leitete das Museum aber selbst bis 1977 und und stiftete den Droste-Preis für Dichterinnen. Geehrt und hochbetagt starb sie im Februar 1996 und ist im Familiengrab der Bothmers auf dem Meersburger Friedhof bestattet.

Von 1978 bis 2006 verwaltete Gerlinde Schmid-Nafz das Droste-Museum, jetzt öffnet Anna Wrzesinsky es für Besichtigungen während des Sommerhalbjahrs. Trotz der Zunahme an Besuchern wird man auf absehbare Zeit das Fürstenhäusle nicht duplizieren müssen, wie Goethes Gartenhaus in Weimar, um der Scharen Herr zu werden. Widrigenfalls wird man, um die Wartezeit zu nutzen, in den Droste-Büchern blättern, die auf dem Gartentisch ausliegen oder ein paar der Gedichte lesen, die spätere Dichterinnen und Dichter als Hommage verfaßten…

Marie Luise Kaschnitz

– Meersburg

Annette von Droste-Hülshoff –

Du saßest einst, ein Gast, an unsern Tischen
Da floß der Wein. Die lichten Hügel prangten
Zu Häupten dir ein überreicher Kranz,
Die linde Luft, nach der es dich verlangte,
Sogst du wie Balsam und dein Schritt ward Tanz.

Das königliche Land in seiner Fülle
Ermaßest du und wandtest dich beglückt
Zum Ufer bald und bald zum Waldessaume,
Und doch, als du zu reden dich geschickt,
Schloß sich dein Auge und verfiel dem Traume.

Und nichts als Fremde war mit einem Male
Dir alles hier. Ein fremdes kaltes Funkeln,
Nur durch die Sprache trügerisch verwandt,
Urlandschaft stieg dir heimlich aus dem Dunkeln
Ein sanftes Licht, ein glühenderer Brand.

Es rannten unaufhörlich dir zum Herzen
der Heimat Stimmen aus dem Nebelmeere
Und Geister kamen, die im Moor versunken,
Der Heidemann, des wilden Jägers Heere –
Da warst du anders als vom Weine trunken.

Und als der Kranz von deinen Locken wehte,
Die Freunde schwanden und den Glanz der Hänge
Die Nacht umzog, erkanntest du das Horn,
Und von den Lippen quollen die Gesänge
Dir unerschöpflich aus der Kindheit Born.

„In der Gegend umher galoppiren, um die schöne Landschaft recht mit Löffeln einzunehmen“

Spaziergänge zum Glaserhäusle und zur Haltnau, nach Daisendorf und Baitenhausen

7.

Zwei Spaziergänge hat Annette von Droste-Hülshoff besonders gerne unternommen: einen nach Westen über den Ödenstein zum Wasserfall und zurück zum Glaserhäusle, den anderen Richtung Osten zur Haltnau und darüber hinaus nach Hagnau. Beide Wege sind bis heute reizvoll zu gehen, wobei es am Wasser entlang immer belebter ist als auf der Höhe: Von dort kann man zudem schönere Blicke auf Meersburg und den Bodensee genießen.

Bei der Meersburger Pfarrkirche überquert man die Stettener Straße und folgt entweder dem Himmelbergweg bis zu den Treppen, die durch Weinberge zum Ödenstein hinaufführen. Oder man geht stilvoll den vor einiger Zeit von den Immobilienmaklern als „Die VIP-Adresse“ gepriesenen Droste-Hülshoff-Weg – das klingt immerhin besser als die Annette-Allee in Münster –, und gelangt weniger keuchend bei der Aussichtsplattform (460 m) unter der gewaltigen Eiche an. Eine Bank lädt zum Niedersitzen und die Panoramatafel zur Identifizierung der Schweizer Berge. Kaiser Wilhelm I. war auch einmal hier, am 12. Juli 1882. Daran erinnert die Gedenkinschrift auf dem Findling. Öde ist es hier oben ganz und gar nicht, der Name leitet sich vom Mittelhochdeutschen „öte" (= eitel) her, nach Burkhart dem Eitlen, einem Besitzer des Weinbergs im 14. Jahrhundert. Der „Ödenstein", heute Pension in Traumlage, wurde eine Zeitlang von dem Schriftsteller, Journalisten und Meersburger Bürgermeister Otto Ehinger geführt, unter dessen Ägide das erste Droste-Gedenkfest 1948 fiel. In erster Ehe war er mit der russischen Malerin Kasia von Szadurska verheiratet, deren Werke – darunter eine Ansicht des Fürstenhäusle – in der Städtischen Galerie im Neuen Schloß zu sehen sind.

Ich wollte ich wäre in diesem Augenblicke gesund, und könnte auf dem öden Stein stehen – am liebsten mit Euch – es stürmt furchtbar, der See wirft haushohe Spritzwellen, und ist von einem Farbenspiel wie ich ihn noch nie gesehn – im Vordergrund tief schmaragdgrün, dann eine dunkelviolette Bahn, und am Horizont wie junges Buchenlaub, und alle Farben von der größten Reinheit und Bestimmtheit, – das ist nur so bey starkem Sturme mit Sonnenschein dabey, und war im vorigen Herbste öfters, aber seitdem nicht wieder, – Ihr habt es übel getroffen keinen solchen Tag hier erlebt zu haben, dann sieht man erst was die Landschaft seyn kann.

Ihre Vorliebe für dramatische Stimmungen ist in diesem Brief an Levin und Louise Schücking vom Juni 1844 einmal mehr unverkennbar. Ein wenig meint man auch so etwas wie Stolz darauf herauszuhören, daß dieses Naturschauspiel gleichsam für sie exklusiv veranstaltet wird. Die Droste fügt noch einen klugen Satz hinzu:

Lieber Levin, ich besuche jetzt unsere alten Plätze am See sehr selten, oder vielmehr gar nicht – die alten Erinnerungen sind nothwendig durch neue verdrängt, und da PRÆDOMINIEREN die Figeley und der öde Stein – solche Plätze sind eben nur was man selbst hineinlegt.

Mit der „Figeley" meint Annette von Droste-Hülshoff das Glaserhäusle – „Die Schenke am See" im Gedicht – zu dem es vom Ödenstein aus etwa noch einen halben Kilometer schönen Weges ist, oberhalb von Weinbergen und ein paar Schritte durch den Wald, entlang dem Forstlehrpfad. Das Haus im Glaserhäusleweg Nummer 6, mit vergilbtem Anstrich und grünen Läden, wirkt verwunschen und wie ein Relikt aus längst vergangenen Tagen, voller Geschichten und Schicksale, die man vielleicht erfahren könnte, wenn man sich traute, den Glockenzug zu betätigen…

Wir belassen es bei diskret spähenden Blicken durch Zaun und Gestrüpp, umrunden das Grundstück und bewundern hinaufschauend die Terrasse aus roten Ziegeln, weinbewachsen und durch die Oleander von südlichem Flair. Zu Drostes Zeit war es ein vielbesuchtes Wirtshaus mit Kegelbahn im Garten, dessen Besitzer, Johann Baptist Figel (1776–1859), von ihr als pygmäenhaft, freundlich scharwenzelnd und ganz krumm bis hin zu seinem altmodischen Zopf beschrieben wurde. Der Wirt, der 1784 erstmals die provisorische Genehmigung zu einem Weinausschank erhalten hatte, war ein Glaser namens Kern gewesen, daher die Bezeichnung Glaserhäusle, die sich bis heute erhalten hat. Noch in den achtziger Jahren wurden die leider inzwischen eingestellten Meersburger Blätter für Politik und Kultur „Glaserhäusle" genannt.

Von den Ausflügen zum „Frieden", zur „Krone", zum „Schützen" (Gasthäuser außerhalb Meersburgs in Richtung Hagnau, Friedhof und Daisendorf) und vor allem zum Figel ist oft die Rede in den Briefen der Droste: Sie „spazire täglich eine Strecke am See hinunter, was mit dem Weg hinauf, eine ordentliche Tour für mich ist, und doch wird es mir nicht viel schwerer, als zu Rüschhaus an manchen Tagen die Treppe zu steigen", teilt sie der Mutter schon im Oktober 1841 mit. Und die Freundin Elise Rüdiger erfährt, daß wenn von den vielen Besuchen „noch ein Stündchen übrigbleibt, [sie] in der Gegend umhergaloppiren, um die schöne Landschaft recht mit Löffeln einzunehmen". Dieses „gezwungene Exercitium" – eigentlich eher ein Luxus, denn das Spazierengehen am hellichten Werktag ist im 19. Jahrhundert ein Privileg des Adels oder der Künstler – tut ihr gut. Sie schläft nicht mehr am Tage, sondern macht die überraschende Erfahrung einer stabileren Konstitution: „Ich gehe jetzt drey Viertelstunde Weges ohne zu ächzen wie ein Wagenrad".

Wenn die Droste in diesem Herbst und Winter 1841/42 die Spaziergänge über die Höhen und am Seeufer als „Haupttagesaufgabe“ bezeichnet, haben diese freilich nicht nur therapeutische Gründe oder entspringen dem Wunsch nach Naturerleben. Sie geht zwar auch mit der Familie, aber doch vor allem mit Levin Schücking spazieren – wer wüßte nicht, wie gut es sich zu zweit auf solchen Wegen plaudert. Und die Stiegen, erinnert sie sich und ihn noch Jahre später, habe er sie immer so schön heraufgeleitet und dabei gesagt: „To, To To, Möderken, Ajas, Nich still stohn! Das is nix – un den Mund to hollen, süs verfrüst dat Hert in nen Live!“ (Los, los, los, Mütterchen. Voran! Nicht still stehn! Das ist nichts – und den Mund zumachen, sonst erfriert das Herz im Leib.)

Die im Brief genannte „Strecke am See hinunter“ könnte die Straße nach Uhldingen sein, wohin die Droste öfter ging. Nach einem knappen Kilometer zweigt Richtung Nordwesten ein Weg ab – heute Gehauweg –, der zum Wasserfall im Gehautobel führt. Hier pflegte die Droste nach dem Zeugnis ihrer Nichten, gerne allein zu sitzen und in der Waldesstille unter den hohen Baumkronen zu denken und zu dichten. Ein halbes Jahrhundert später entdeckte Emil Strauß diesen Ort für sich: Er fand das Städtchen zwar durchaus nach seinem Geschmack, beklagte sich trotz seines schönen Zimmers am Schloßplatz über den Lärm, den der Schuster, der Holz hackende Taubstummenlehrer und der Organist in der Kapelle machten. So hatte er sich angewöhnt, „um vier aufzusein, um durch die schlafende Gasse zum oberen Tor hinauszuhuschen, durch die Reben in den Wald, und auf einer Bank in der Nähe des Wasserfalls, durch sein Rauschen abgeschieden, zu arbeiten. Aber – wenn es regnete?“

Vom Wasserfall, wo man übrigens auch heute

weitgehend allein sein kann, kommt man über den Glockengießerweg (Richtung Tennisplatz und dann steil durch den Wald hoch) zum Glaserhäusle. Leider lädt dort kein Figel mehr zum Verweilen beim Wein oder zum Kegeln, und man kann sich schwer vorstellen, daß hier im Mai 1842 „eine große Fete mit türckischer Musik" stattgefunden haben soll...

Im Winter 1843 war der Figel „fast banquerout" und wollte sein Häuschen verkaufen: „Niemand besucht ihn mehr, wir sind nur einmahl aus alter Erinnerung hingegangen, fanden Niemand dort, und konnten kaum Etwas erhalten, sein Zöpfchen steht vor Melancholie ganz schief, während seine gezwungenen Späße in der traurigen Lage einen unheimlichen Eindruck machen, und ich nicht wieder habe hingehen mögen". Kaum ein Vierteljahr später kann die Droste berichten, daß er wieder aufblühe, seine Schulden bezahle und „wieder con amore mit seinem Zöpfchen wedelt". Wie damals, als Annette von Droste-Hülshoff ihn kennenlernte und im Gedicht charakterisierte. Es war im Herbst des Jahres 1841, sie saß mit Levin Schücking auf der Terrasse hoch überm See, genoß Aussicht und Weintrauben, und in die traute Zweisamkeit schlich sich schon eine Vorahnung von Distanz und Einsamkeit.

Die Schenke am See

An Levin S.

Ist's nicht ein heit'rer Ort, mein junger Freund,
Das kleine Haus, das schier vom Hange gleitet,
Wo so possierlich uns der Wirth erscheint,
So übermächtig sich die Landschaft breitet;
Wo uns ergötzt im neckischen Contrast
Das Wurzelmännchen mit verschmitzter Miene,
Das wie ein Aal sich schlingt und kugelt fast,
Im Angesicht der stolzen Alpenbühne?

Sitz nieder. – Trauben! – und behend erscheint
Zopfwedelnd der geschäftige Pigmäe;
O sieh, wie die verletzte Beere weint
Blutige Thränen um des Reifes Nähe;
Frisch greif in die kristallne Schale, frisch,
Die saftigen Rubine glühn und locken;
Schon fühl' ich an des Herbstes reichem Tisch
Den kargen Winter nahn auf leisen Socken.

Das sind dir Hieroglyphen, junges Blut,
Und ich, ich will an deiner lieben Seite
Froh schlürfen meiner Neige letztes Gut.
Schau her, schau drüben in die Näh' und Weite;
Wie uns zur Seite sich der Felsen bäumt,
Als könnten wir mit Händen ihn ergreifen,
Wie uns zu Füßen das Gewässer schäumt,
Als könnten wir im Schwunge drüber streifen!

Hörst du das Alphorn über'm blauen See?
So klar die Luft, mich dünkt ich seh' den Hirten
Heimzügeln von der duftbesäumten Höh' –
War's nicht als ob die Rinderglocken schwirrten?
Dort, wo die Schlucht in das Gestein sich drängt –
Mich dünkt ich seh den kecken Jäger schleichen;
Wenn eine Gemse an der Klippe hängt,
Gewiß, mein Auge müßte sie erreichen.

Das Glaserhäuschen, gezeichnet von Leonhard Hohbach, März 1846.

Trink aus! – die Alpen liegen Stundenweit,
Nur nah die Burg, und heimisches Gemäuer,
Wo Träume lagern langverschollner Zeit,
Seltsame Mähr und zorn'ge Abentheuer.
Wohl ziemt es mir, in Räumen schwer und grau
Zu grübeln über dunkler Thaten Reste;
Doch du, Levin, schaust aus dem grimmen Bau
Wie eine Schwalbe aus dem Mauerneste.

Sieh' drunten auf dem See im Abendroth
Die Taucherente hin und wieder schlüpfend;

Nun sinkt sie nieder wie des Netzes Loth,
Nun wieder aufwärts mit den Wellen hüpfend;
Seltsames Spiel, recht wie ein Lebenslauf!
Wir beide schaun gespannten Blickes nieder;
Du flüsterst lächelnd: immer kömmt sie auf –
und ich, ich denke, immer sinkt sie wieder!

Noch einen Blick dem segensreichen Land,
Den Hügeln, Auen, üpp'gem Wellen-Rauschen,
Und heimwärts dann, wo von der Zinne Rand
Freundliche Augen unserm Pfade lauschen;
Brich auf! – da haspelt in behendem Lauf
Das Wirthlein Abschied wedelnd uns entgegen:
„– Geruh'ge Nacht – stehn's nit zu zeitig auf! –"
Das ist der lust'gen Schwaben Abendsegen.

Auf einer Fahrt über Land entdeckten Fritz Mauthner und Harriet Straub das Glaserhäusle und konnten es 1909 als Altersruhesitz erwerben. Der aus Böhmen stammende Journalist und Sprachphilosoph und die im Kolonisierungsprogramm der französischen Regierung in Nordafrika tätige Ärztin, hatten sich in Freiburg bei der Arbeit am *Wörterbuch der Philosophie* kennengelernt. Die Jahre bis zum Ersten Weltkrieg waren für beide Ehepartner anregend, Mauthner verfaßte sein großes Werk *Der Atheismus und seine Geschichte im Abendlande* und *Der letzte Tod des Gautama Buddha*, Harriet Straub ihre Erzählungen *Rupertsweiler Leut'* und die *Zerrissenen Briefe*. Das über eine Knüppelbrücke erreichbare Nebengebäude – zuvor Atelier des Malers Reinhard Sebastian Zimmermann – diente ihnen als Bibliothek und Arbeitsraum.

Anläßlich seines 70. Geburtstags 1919 verliehen die Meersburger Stadtväter Fritz Mauthner die Ehrenbürgerwürde, und er gedachte, die Ehrung „abseits von allen politischen Gegensätzen als ein Zeichen der Achtung vor geistiger Arbeit" zu verstehen, „da lieferte ein

Geburtstagsartikel von Otto Ehinger im Berliner Tageblatt das Holz für ein Autodafé, angestiftet vom katholischen Pfarrer". Will heißen, man erklärte ihn zum Heiden, zum Ketzer – und zwar, weil er als Atheist und Jude dem sterbenden Kind eines seiner ledigen Dienstmädchen die Nottaufe gespendet hatte – und äußerte, man wolle „den gottlosen Philosophen" nur ungern in der Nähe Drostes und Seuses ruhen wissen. Mauthner antwortete darauf in einem Offenen Brief, es sei noch zu untersuchen, „ob die liebe und fromme Dichterin ganz frei war von ketzerischen Anwandlungen. Aber der namenlosen Mystik des Seuse steht meine gottlose Mystik vielleicht doch näher als die Herren ahnen". Der „Froschmäusekrieg" gipfelte im Antrag auf Aberkennung der Ehrenbürgerschaft. Gesetzlich konnte die Würde nicht aufgehoben werden, also ersannen Bürger einen Boykott und kamen auf die perfide Idee, ihm keine Lebensmittel zu verkaufen. Solche Erfahrungen klingen in Harriet Straubs 1930 verfaßten, sehr lesenswerten Droste-Essay durch, der beginnt: „Meersburg ist ein sehr merkwürdiges Städtchen, es könnte sogar ein Idealstädtchen sein, um das Deutschland beneidet werden könnte, wenn der Geist, der dort ... oder sagen wir mal der Wein, der dort wächst, nur um ganz wenige Grad ‚süffiger' wäre. So ist ein bissel viel Säure und Radau da zu Hause, und das verdirbt die Traumstimmung, die geistige Atmosphäre, die der Dreiklang großartiger Weite von See und Alpenblick, trutziger Historie der alten Burg und behaglicher, bürgerlicher Winkelgassen und Stadttore uns sonst vermitteln würde."

Nach seinem Tod im Juni 1923 erhielt Mauthner dennoch ein Grab auf dem Meersburger Friedhof. Der schlichte Findling trägt neben der Inschrift: „Vom Menschsein erlöst" nur die beiden Namen, wodurch hinter der Gattin Hedwig Mauthner die eigenständige Schriftstellerin Harriet Straub unkenntlich geworden ist. Immerhin hatte sie in Meersburg mit dem Schreiben begonnen, einen Erzählband und mehrere Essays veröffentlicht. Nach dem Tod Hildegard von Laßbergs 1914 bemühte sie sich, den Droste-Nachlaß vor einem banausischen Nachlaßverwalter zu retten, der seinen Ofen mit deren Hinterlassenschaften heizte. Ihr eigenes Glaserhäusle konnte sie nur durch Hilfe einflußreicher Freunde, darunter Gerhart Hauptmann, behalten, denn nach 1933 wurde ihr als Witwe eines Juden die Rente abgesprochen. Unterstützt wurde sie von dem nächsten katholischen Pfarrer Wilhelm Restle, und das gab im kleinbürgerlichen Meersburg natürlich Anlaß zu Gerüchten. In seinem Nachruf hat er 1945 liebevoll und richtig formuliert: „Hier im Glaserhäusle ist nicht nur die große Dichterin Annette lebendig geblieben, wie sie mit ihrem Gatten Levin im Garten sitzt und voll ahnender Sehnsucht hinüberschaut zum Säntis und hinab zum See: hier lebt auch Fritz Mauthner nach, der in täglich 14stündiger Arbeit all die Wortschälle und Phrasen zertrümmerte, die die Menschen immer wieder betören und in unsägliches Unglück stürzen; hier waltete auch weiter Hedwig Mauthner, die edle Frau mit dem scharfen Verstande und dem gütigen Herzen, die das einsame Häuschen zu dem machte, was es heute ist und bleiben soll, zu einer Insel des Friedens, zu einer Stätte geistiger Arbeit und Forschung." Hinzuzufügen bleibt, daß Wilhelm Restle das Glaserhäusle später an die „Grande Dame der Rezitationskunst" Felicitas Barg verkaufte – die 1948 zu den Droste-Feierlichkeiten erstmals nach Meersburg gekommen war. Bis zu ihrem 100. Geburtstag wohnte sie dort während des Sommers, wahrte die japanischen Holzstiche mit Chrysanthemen von Harriet Straub wie den Stuhl aus dem Besitz der Droste.

Viele Gäste denkbar unterschiedlichster Denkweise sind hier ein- und ausgegangen, von Martin Andersen Nexö, für den die Besuche im Glaserhäusle bei dem alten jüdischen Gelehrten Mauthner der einzige Lichtblick im trostlosen Meersburg waren, über Gustav Landauer und Hedwig Lachmann bis Martin Buber,

Wilhelm von Scholz und Emanuel von Bodman. Der nächste Besitzer setzte diese Tradition fort: „Wie oft saßen wir bei ihm im Glaserhäusle und blickten von dort über die Weinberge auf den See", erinnerte sich Ernst Jünger anläßlich des Todes von Wilhelm Restle im Jahr 1980. Übrigens hat er sich in seinen Tagebüchern mehrmals zu Annette von Droste-Hülshoff geäußert, über den Eindruck, den Passagen aus ihrem Zyklus „Das Geistliche Jahr" auf ihn machten – allerdings mit unangenehm chauvinistischer Attitüde: sie habe eine Lichterwelt, vertreten durch männliche, priesterliche Deuter, vergeblich gesucht.

Lebendiger als auf dem Friedhof „ist sie bei uns, wenn wir dem Westen zu gehen, durch ein stilles Wiesental und einen kleinen Wald, ein wenig bergauf" zum Glaserhäusle, schrieb Harriet Straub 1930 in ihrem Essay über die Droste, und die Stunden mit Levin Schücking in der „Schenke am See" seien ihr letztes Gut gewesen, bevor für sie der karge Winter kam. Später habe man sie manchmal noch sehen können – ein altes Mütterchen im wattierten Rocke und einem großen Dreiecktuch – durch die mit Nebelfetzen behangenen Tore huschen oder Arm in Arm mit Mesmer und Mauthner still zum Säntis hinübergrüßend...

Am Bodensee

Ueber Gelände, matt gedehnt,
Hat Nebelhauch sich wimmelnd gelegt,
Müde, müde die Luft am Strande stöhnt,
Wie ein Roß, das den schlafenden Reiter trägt;
Im Fischerhause kein Lämpchen brennt,
Im öden Thurme kein Heimchen schrillt,
Nur langsam rollend der Pulsschlag schwillt
In dem zitternden Element.

Ich hör' es wühlen am feuchten Strand,
Mir unter'm Fuße es wühlen fort,
Die Kiesel knistern, es rauscht der Sand,
Und Stein an Stein entbröckelt dem Bord.
An meiner Sohle zerfährt der Schaum,
Eine Stimme klaget im hohlen Grund,
Gedämpft, mit halbgeschlossenem Mund,
Wie des grollenden Wetters Traum.

Ich beuge mich lauschend am Thurme her,
Sprühregenflitter fährt in die Höh',
Ha, meine Locke ist feucht und schwer!
Was treibst du denn, unruhiger See?
Kann dir der heilige Schlaf nicht nahn?
Doch nein, du schläfst, ich seh' es genau,
Dein Auge decket die Wimper grau,
Am Ufer schlummert der Kahn.

Hast du so Vieles, so Vieles erlebt,
Daß dir im Traume es kehren muß,
Daß deine gleißende Nerv' erbebt,
Naht ihr am Strand eines Menschen Fuß?
Dahin, dahin! die einst so gesund,
So reich und mächtig, so arm und klein,
Und nur ihr flüchtiger Spiegelschein
Liegt zerflossen auf deinem Grund.

Der Ritter, so aus der Burg hervor
Vom Hange trabte in aller Früh;
– Jetzt nickt die Esche vom grauen Thor,
Am Zwinger zeichnet die Mylady. –
Das arme Mütterlein, das gebleicht
Sein Leichenhemde den Strand entlang,
Der Kranke, der seinen letzten Gang
An deinem Borde gekeucht;

Das spielende Kind, das neckend hier
Sein Schneckenhäuschen geschleudert hat,

Die glühende Braut, die lächelnd dir
Von der Ringelblume gab Blatt um Blatt;
Der Sänger, der mit trunkenem Aug'
Das Metrum geplätschert in deiner Flut,
Der Pilger, so am Gesteine geruht,
Sie Alle dahin wie Rauch!

Bist du so fromm, alte Wasserfey,
Hältst nur umschlungen, läßt nimmer los?
Hat sich aus dem Gebirge die Treu'
Geflüchtet in deinen heiligen Schoos?
O, schau mich an! ich zergeh' wie Schaum,
Wenn aus dem Grabe die Distel quillt,
Dann zuckt mein längst zerfallenes Bild
Wohl einmal durch deinen Traum!

Annette von Droste-Hülshoff meidet die alten Wege und Orte der Erinnerungen wegen und sucht sie aus dem selben Grund wieder auf:

Ich gehe jeden Tag den Weg nach Haltenau, setze mich auf die erste Treppe, wo ich dich zu erwarten pflegte, und sehe, ohne LORGNETTE, nach dem Wege bey Vogels Garten hinüber, kömmt dann Jemand, was jeden Tag ein paarmahl passirt, so kann ich mir, bey meiner Blindheit, lange einbilden du wärst es, und du glaubst nicht, wie viel mir das ist. (Mai 1842)

Wir wissen nicht, wo sich sein Garten befunden hat, aber bei Vogel handelt es sich um den Stadtrat und Kaufmann Johann Vogel, von dem die Droste Levin Schücking in einem späteren Brief berichtet:

Herr Vogel sieht so trübselig aus, und sein Laden noch trübseliger, – man sagt, er werde BANQUEROUT machen. – das kömmt vom Lotterieglück! – da werden gleich Plane gemacht, die doch nur durch 2/3 Borg REALISIRT werden können, – neues Haus und Laden, was den Kunden ganz gleich ist – ELEGANTE Artikel, für die es hier keine Käufer giebt – in die ärgste Pfütze hat ihn Stiele geritten, mit der Badeanstalt, die, wie sich jetzt auszeigt, in den warmen Monaten trocken liegt, und

Winters durch den Sturm abgedeckt und unterspült wird. – Es thut mir leid! ich habe den Vogel gern, er ist so freundlich und fleißig. (Februar 1844)

Die erwähnte Badeanstalt könnte eine Vorläuferin der sogenannten See-Badeanstalt östlich des Hafens gewesen sein, die Anfang 1854 als eine Aktiengesellschaft geplant und schon am 21. Juli desselben Jahres eröffnet wurde. Das Freibad liegt heute nicht weit davon entfernt an der Uferpromenade.

Ein Spaziergang in Richtung Haltnau führt uns durch die Unterstadt, ursprünglich Siedlung der Fischer und Schiffer, vorbei an der Kapelle, deren schöne gotische Schnitzaltäre leider nur selten zu besichtigen sind, vorbei an der Burgweganlage, wo an der Stelle der ehemaligen Oedenmühle 1846 die Maschinenweberei Honegger & Cie. den Betrieb aufnahm. Deren Schornstein muß direkt unter dem Droste-Turm gestanden haben. 1902 zerstörte ein Brand die gesamte Fabrikanlage, aber erst nach dem Zweiten Weltkrieg entstand unter der Ägide des 1872 gegründeten Verschönerungsvereins der Weg, der Ober- und Unterstadt bequem verbindet. In der Unterstadtstraße reihen sich Hotels und Geschäfte an Gasthäuser, von denen das Restaurant „Zum lieben Augustin" erwähnt sei: Der populäre Roman von Horst Wolfram Geißler aus dem Jahr 1921 spielt nämlich passagenweise in Meersburg. Der Titelheld dieser „Geschichte eines leichten Lebens", Augustin Sumser, besucht die hiesige Knabenschule und angesichts der kühnen Felsen und Mauern wird dem Jungen, „der neun Jahre lang nur die Wasserburgischen Wiesen und Obstgärten gesehen hatte, [...] fast schwindlig". Und später heilt ihn der alte Doktor Mesmer von seiner tiefen, durch eine unglückliche Liebe hervorgerufenen Melancholie...

Vorbei an den Hotels „Seehof" und „Hecht", zwischen denen einst ein Stadttor stand – links führt die steile Rieschentreppe hinauf –, geht es zum Hafen und weiter die Uferpromenade entlang. Eine der Parkbänke war der Ort, wo der Autor Fritz Mühlenweg, in der Nazi-Zeit als Zollassistent dienstverpflichtet, seinen ersten Verleger Hans Dulk kennenlernte. Er weckte einen schlafenden Fremden und kam mit ihm ins Gespräch, so daß dieser noch den nächsten Dampfer verpaßte und einen Autor gewann: Dulk verlegte Mühlenwegs erstes Buch *Tausendjähriger Bambus*.

Wir passieren Stadtgarten, Minigolfanlage und Freibad, Hotels und die Hämmerle-Halle, sommers erfolgreich vom Konstanzer Stadttheater bespielt, den Segelhafen und das Wasserwerk. Die Tafeln des Weinkundewegs informieren über Tatsachen des Weinbaus am Bodensee im allgemeinen und die Qualität der Meersburger Reben im besonderen.

Die Haltnau (deren Name von althochdeutsch „halda“ = Abhang kommt) ist die älteste bekannte Ortschaft im Meersburger Gebiet. Hier stand 1500 v.Chr. eine bronzezeitliche Pfahlbausiedlung, man hat dort Werkzeuge gefunden. Der Unterhof, heute „Gutemannscher Hof“, gehörte bis zur Säkularisation dem Kloster Weingarten, und die Madonna im Sternenkranz über dem Portal soll aus dem Umkreis der Feuchtmayer-Werkstatt stammen. Bis zum Oberhof, dem Rebgut Haltnau, das 1272 durch Schenkung an das Konstanzer Heilig-Geist-Spital kam, sind es nur noch wenige Meter, dort kann man – falls schon ermüdet, durstig oder hungrig – zum Vespern einkehren. Heute ist es Ziel der Besitzer nobler Karossen, damals war es nur ein Weingut, denn zur Droste-Zeit existierte diese Uferstraße, die uns in einer Viertelstunde von der Unterstadt zur Haltnau führt, noch nicht. Der Weg, nur von einer Mauer gesichert, über die das Wasser brandete, war so schmal, daß er nicht einmal von Fuhrwerken befahren werden konnte, sie mußten ins Wasser ausweichen. Dies muß man sich vorstellen, um das Abenteuer ihres Sturmspaziergangs, von dem die Droste im November 1843 in einem Brief an Elise Rüdiger erzählt, in seiner Dramatik zu verstehen.

... und einen Sturm habe ich erlebt, o einen Grospapa aller Stürme! und habe Gott gedankt daß ich ihn allein überstehn mußte, – es war in der zweyten Woche nach Ihrer Abreise, ich hatte einen langen Spatziergang, weit über Haltenau hinaus, gemacht, und mich eben zum Rückwege gewendet, als ein wahres Teufelswetter losbrach, – ohne Regen nur Sturm, aber um Berge zu versetzen, – bey jedem Ruck faßte er mein dickes wattirtes Kleid, und wollte mich über die Mauer reißen, so daß ich gleich bergan in die Reben flüchten mußte, wo ich mich kümmerlich an den Pfählen fortlawirte bis Haltenau, und dort wie ein verunglückter Luftballon ins Haus mehr plumpste als flatterte, nämlich mit halbem Ueberstürzen, was sich wahrscheinlich eher mitleidswerth als graziös mag ausgenommen haben, die dicke Rebfrau konnte auch mit ihrem „b'ühtis Gott! b'ühtis Gott!" gar nicht aufhören, und meinte, sie würde jetzt um fünf Gulden nicht über die Mauer nach Meersburg gehn – was half das Alles! ich mußte doch nach Hause, obwohl das Wüthen draußen mit jeder Minute ärger wurde, – so gieng ich wieder los, und versuchte als letzten Ausweg mich gleich den Berg hinauf zu arbeiten, wo ich, schlimmsten Falls, doch nur bis in die nächsten Rebpfähle geschleudert werden konnte, – freylich, wenns Mit VEHEMENCE geschah, immer gefährlich genug, und zudem hätte ich, wie sie wissen, Klippenwände passiren müssen, – vielleicht wars gut daß der Versuch mislang, – es war keine Möglichkeit, bey jedem Schritt höher konnte mich der Wind derber packen, ich mußte mehr kriechen als gehn, und bey jedem Ruck niederhocken, um nicht weggerissen zu werden, – also wieder bergab! – doch blieb ich zwischen den Reben, etwa dreißig Fuß über dem Mauerwege, – es war eine greuliche Arbeit, – ich habe über eine Stunde gebraucht, – die meiste Zeit saß ich in einem Klümpchen dicht zusammen, und wartete die Pausen der Stöße ab, um dann zehn oder zwölf Schritte voran zu arbeiten. – was wir zusammen erlebt haben kann Ihnen nicht mahl einen schwachen Begriff davon geben, – aber der See war unbeschreiblich schön, so durchsichtig und in allen Farben wechselnd, wie ich davon vorher keinen Begriff gehabt, – die Sonne warf durch Wolkenlücken ein prächtiges falsches Licht darauf, und ich wurde fast geblendet durch das Blitzen der Springwellen, die unter mir wie eine endlose Reihe FONTAINEN aufstiegen, und zwar nicht wie wir es kennen nur diesseits der Mauer, sondern wenigstens vierzig

Fuß höher, weit über mir und meinen Rebstöcken, niederplatschten, so daß ich nach ein paar Minuten keinen trocknen Faden mehr am Leibe, und mein Rock sich in einen gefüllten Schwamm verwandelt hatte, der mich niederzog wie Bley. – Ich kann Ihnen sagen, Elise, daß ich froh war, als ich das Thor über mir und meine bedenkliche Fahrt sich in eine klatrige durch die Unterstadt verwandelt hatte. – noch einmahl hatte ich einen schweren Stand, die Stiegen hinauf, wo der Wind wieder alle Macht hatte, und besonders auf der langen schmalen Brücke über den Mühlrädern, wo ich einmahl keinen andern Rath wuste als mich platt hinzuwerfen, und doch wohl herab geweht wäre, wenn nicht der Müller, der auch grad genöthigt war die Brücke zu passiren, mich am Boden festgehalten und dann auch die letzte Stiege hinauf geleitet hätte; Als ich ins Schloß kam, schnatternd, und einen nassen Streifen hinter mir lassend wie ein geschwemmter Hund, ward ich auch empfangen wie ein armer Hund, – es mislang mir in mein Zimmer zu schlüpfen, Laßberg stand zufällig im oberen Flur, und erhob ein solches Geschrey, „Um Gotteswillen! wo kommen Sie her! was haben Sie gemacht! was denken Sie auch!“ daß ich gleich auf eine sehr unerwünschte Weise EN FAMILLE gerieth, – Mama war anfangs wirklich böse, glaubte mir aber doch sogleich, daß ich bey ganz leidlichem spatzierfähigem Wetter ausgegangen sey, – Laßbergen konnte ich mich nicht begreiflich machen, er war tauber wie gewöhnlich, und ich habe ihn mitten in seinen EXCLAMATIONEN über meine Unvernunft müssen stehn lassen, denn mich fror erbärmlich – Jenny sagte nichts, aber sie bestellte sogleich einen heißen Krug und Thee, nahm mich dann beym Arm, und brachte mich in meinem Zimmer zu Bette, meinen dicken Rock habe ich acht Tage lang nicht anziehn können, so lange hat er auf dem Boden trocknen müssen. – Da mir das Abentheuer nicht geschadet hat, ists mir doch lieb den See einmahl in seiner tollsten Laune gesehn zu haben, um so mehr da es nur für einmahl im Leben ist, denn ein anderes Mahl werde ich mich hüten! – ich mag die Lachsforellen und Gangfische viel lieber essen als von ihnen gegessen werden, und es würde mir sogar nur wenig Trost bringen, wenn statt ihrer meine Lieblinge die Möven mich aufpickten. – Am nächsten Tage hörten wir von vielem Unglücke am See, – einem untergegangenem Schiffe, und einigen einzeln Verunglückten. – und mit dieser Trübsal muß ich für heute schließen. –

Es ist ein spannendes Stück Prosa, das die Droste hier liefert, und wohl weitgehend erfunden, denn Jenny von Laßbergs Tagebuch verzeichnet für Ende Oktober keinen Sturm, lediglich schlechtes Wetter bzw. Regen und Wind; auch in der Zimmermannschen Chronik findet sich kein entsprechender Hinweis. Annette von Droste-

Hülshoff verfaßt eine poetisch übersteigerte Schilderung, in die sie frühere Erlebnisse und ihr vom Hörensagen bekannte Unglücksgeschichten einbezieht. Für eine beabsichtigte phantasievolle Ausschmückung sprechen ihre begeisterten Beschreibungen von Alpenglühen und Abendrot und: dem Erwerb ihres Fürstenhäusle im selben langen Brief.

Oberhalb der Haltnau führt ein Weg, am alten Rebhäuschen vorbei, den Hang hinauf zum Höhenweg, der als Weinkundeweg weiter nach Osten zur Ehrenstätte oder Richtung Westen durch die Weinberge zurück nach Meersburg geht. Überall hat man prächtige Aussichten, besonders beim Wetterkreuz (470 m), wo nach einer Erzählung der Laßberg-Zwillinge die Droste einmal ihre Lorgnette verloren haben soll.

Der dritte Spaziergang nach Daisendorf und Baitenhausen ist fast eine Wanderung, für eilige Touristen auch per Fahrrad oder Auto erlaubt. Bei der Pfarrkirche außerhalb der Oberstadt zweigt die Daisendorfer Straße Richtung Norden von der Stettener Straße ab. Wer nicht der Autostraße folgen möchte, kann vom Parkplatz gegenüber dem Wirtshaus „Zum letzten Heller" den Wanderweg nehmen, der durch Obstgärten zum Kurzentrum von Daisendorf führt. An der Meersburger Straße am nördlichen Ende des Dorfes – als Dorf des Taiso 1122 erstmals urkundlich erwähnt – liegt neben dem Friedhof eine kleine Kapelle. Sie gehört seit 1682 der Gemeinde (dort gibt es gegebenenfalls einen Schlüssel) und wird außer bei Beerdigungen abwechselnd von Protestanten und Katholiken für Gottesdienste genutzt. Offenbar handelt es sich bei allen Besuchern um bibelfeste Christen, denn das Schild auf der Bank neben dem Eingang nennt nur die Quelle – „Math. 5 Vers 10“ –, nicht den Text („Selig sind, die um der Gerechtigkeit willen verfolgt werden, denn ihrer ist das Himmelreich“). Die St. Martin geweihte Kapelle wurde 1508 unter Bischof Hugo von Hohenlandenberg erbaut und mit schönen Wandmalereien versehen, darunter einer Konstanzer Vedute. In den neunziger Jahren hat man sie renoviert und mit einer Orgel ausgestattet.

In ihren Briefen erwähnt Annette von Droste-Hülshoff Daisendorf mehrmals, als Poststation, als Ort, wohin man den aus Heiligenberg zurückkehrenden Familienmitgliedern entgegenging, aber auch als Ziel einsamer Spaziergänge. Am 28. Januar 1842 schreibt sie nachmittags an ihre Mutter: „das Wetter ist heute so köstlich, daß ich mich wieder herausgemacht habe, und komme so eben von Deisendorf, – halb blind von dem Widerschein der Sonne im Schnee, und todtmüde, denn ich bin immer nur in Einem Rutschen geblieben, aber doch ist mir frischer zu Muthe als wenn ich auf der Terrasse perpendikelt habe.“

Und im folgenden Mai berichtet sie Levin Schücking, daß sie dorthin gelaufen sei, weil sie sich ärgerte, daß in der *Judenbuche* ein paar Zeilen im zweiten Verhör fehlten: „zuerst war ich zürnig-grimmig wie eine wilde Katze und braußte im Sturmschritt nach Deisendorf, auf dem Rückwege war ich aber schon abgekühlt und gab dem Operateur (Hauff, dir, oder gar mir selbst) Recht.“

Da wir uns hoffentlich keinen Ärger aus dem Leib rennen müssen, sondern zum Vergnügen wandern, nehmen wir – wie die Droste im April 1842 – von Daisendorf den Weg durch den Wald, am Neuweiher vorbei, nach

Baitenhausen, wo auf dem 490 Meter hohen Schloßberg am südwestlichen Rand des fruchtbaren Salemer Tales die Wallfahrtskirche „Maria zum Berge Karmel" thront. Bis zum Ende des Mittelalters stand hier oben eine Burg der Herren zu Baitenhausen (1169 in einer Salemer Urkunde erstmals erwähnt), danach eine kleine Kapelle „Unserer Lieben Frau", die zwischen 1702–1760 zur heutigen barocken Kirche mit drei Altären umgebaut wurde. Die viel bewunderten Deckenfresken mit der Darstellung von Meersburg und dem legendär gewordenen Spruch aus dem *Hohen Lied* „Schön wie der Mond" im linken Querschiff, stammen von dem Augsburger Maler Johann Wolfgang Baumgartner. Um 1760, kurz nach Fertigstellung des Gebäudeensembles mit neuem Schloß und Seminar hat er diese Ansicht gemalt und den von ihm ausgestalteten Gartenpavillon an zentraler Stelle plaziert. Wenn man aus der Kirche tritt, hat man denselben Blick über das Linzgau, wie er im rechten Querschiff gezeigt ist, nur mit beigefügter Interpretation: „Auserwählt wie die Sonne".

Wen angesichts dieser Poesie und des Rückwegs profane Bedürfnisse wie Hunger oder Durst überkommen, kann zum Imbiß einkehren, wo schon seit Anfang des 18. Jahrhunderts eine Pilgerherberge stand, das Gasthaus „Zum Grünen Berg". Über Riedetsweiler sind es knapp 6 Kilometer zurück nach Meersburg. Beim Hundsrücken unterquert man die Bundesstraße 31 und befindet sich auf der Mesmerstraße, die direkt am Friedhof (siehe Kapitel 9) vorbei in die Oberstadt führt.

„Ein ächt romantischer Punkt am Bodensee“

Ausflüge nach Immenstaad, Langenargen, Überlingen, Birnau, Salem und Heiligenberg; Reisen über Schaffhausen, Tübingen und Stuttgart

8.

Annette von Droste-Hülshoff besaß eine Vorliebe für Auflistungen. Die Vorstellungen, die sie im Meersburger Liebhaber-Theater besucht hatte, die Personen, die ihr während ihrer Aufenthalte begegneten oder Gasthäuser und Ortschaften, in denen sie gewesen war (oder auch nicht), notierte sie auf den Rand oder die Rückseite irgendwelcher Papiere. Das sieht eher nach Notizen als Gedächtnisstütze für Briefe aus, nicht wie ein systematischer Bericht; vielleicht entspringen diese Listen auch einfach ihrem Sammeltrieb.

Vermutlich im Sommer 1842, nach der Rückkehr aus Meersburg, entstand folgende Ortsnamenliste:

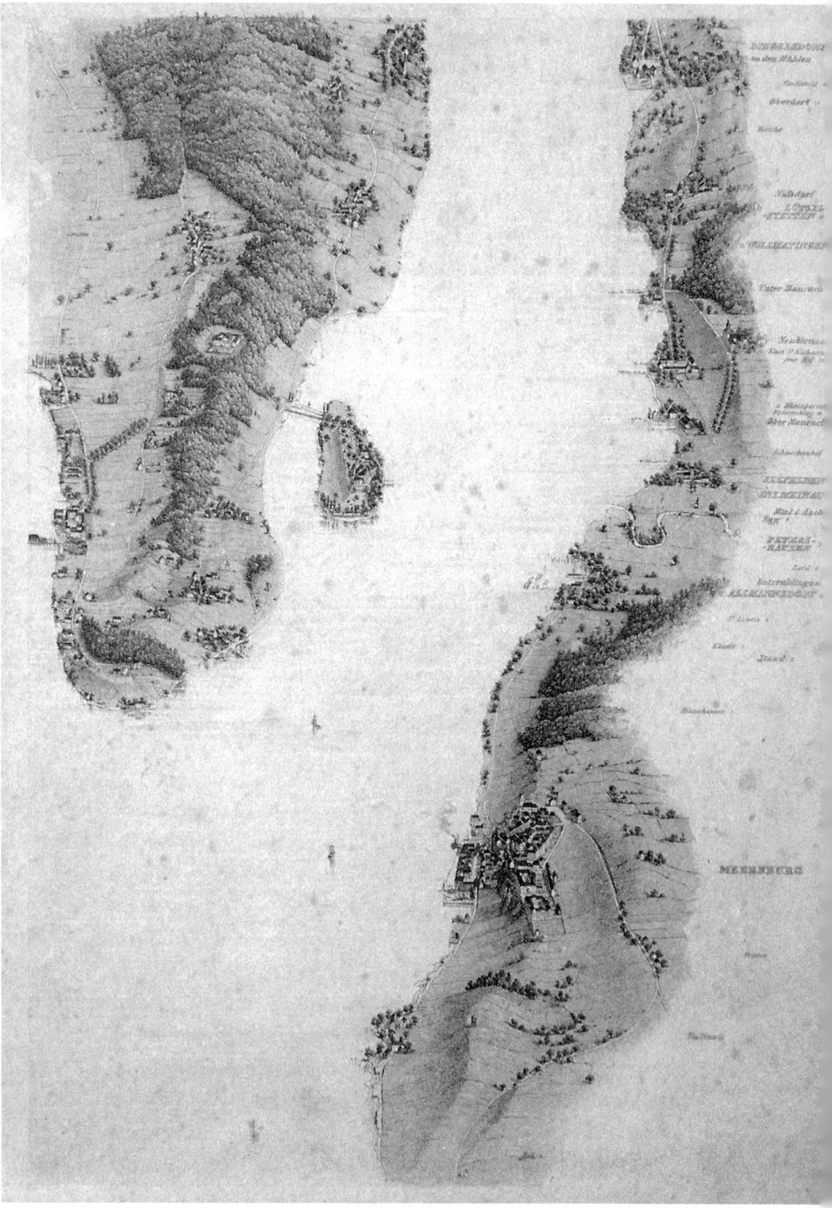

Oberdorf
MEERSBURG

Meersburg
Das Schiff
Der Löwe
Der Bär
Die Traube
Das Glaserhäuschen (Figel)
Der Frieden (Stadelhofer)
Die Krone

Uldingen Dorf (oft gewesen)
Ueberlingen Bad (1 Mahl)
Deisendorf Dorf (oft gewesen)
Salmansweiler (Salem / Kloster / 1 Mahl)
Haltenau Bauernhof (oft gewesen)
Hagenau Dorf (oft gewesen)
Kirchberg Kloster (2 Mahl)
Herschberg Schloß (nie)
Friedrichshafen (Buchhorn / Stadt / 2 Mahl)
Lindau Stadt (nie)
Langenargen (Schloß Montfort / Dorf und Ruine / 1 Mahl)
Stetten Dorf (oft gewesen)
Markdorf Stadt (nie)
Ermatingen Stadt (2 Mahl)
Beitenhausen Wallfahrtsort (2 Mahl)
Birnau Kloster (1 Mahl)

◀ Uferabschnitt aus dem Panorama des Bodensees von August Brandmayer, um 1840/50.

Diese Liste gibt einige Rätsel auf. Warum fehlen Heiligenberg und Konstanz, die sie im April 1842, letzteres später sogar noch mehrmals besuchte? Warum nennt sie zwei Städte, in denen sie nie war – davon gäbe es schließlich noch einige Dutzend in nächster Umgebung? Beabsichtigte sie, Lindau und Markdorf zu besuchen? Leider lassen sich die Fragen nicht mehr beantworten, weil Briefstellen nur zu wenigen Orten existieren, sei es, weil der weitaus größte Teil der Korrespondenz (mindestens vier Fünftel, schätzt Walter Gödden) verloren ist, sei es, weil die Droste sie nicht für beschreibenswert oder von Interesse für ihre Briefpartner empfand. Offenbar hatte sie auch nie die Absicht, außer in den lyrischen Reisebildern ihrer Gedichte, eine literarische Schilderung der Bodenseelandschaft zu geben.

Die vier bis fünf Kilometer langen Strecken von Meersburg nach Uhldingen (dessen steinzeitliche Pfahlbauten noch nicht rekonstruiert waren) oder ins Winzer- und Fischerstädtchen Hagnau wird Annette von Droste-Hülshoff zu Fuß zurückgelegt haben, heute sind sie Teil des Bodensee-Rundwanderweges (und mit dem schwarzen Pfeil um einen blauen Punkt markiert). Im Badeort Überlingen absolvierte die Familie Laßberg jährlich eine Badekur, nachdem Joseph von Laßberg sich erstmals 1836 dort von dem Kutschenunfall kuriert hatte. Der Weg führt an der Birnau vorbei, über die die Droste in einem Brief an ihre Mutter im August 1842 schreibt:

„Auf der Tour nach Ueberlingen stiegen wir aus um ein seitwerts sehr hübsch auf der Höhe gelegenes kleines Klostergebäude, mit herrlicher Kirche zu besehen, was um einen Spottpreis zu verkaufen und fast umsonst zu vermiethen stand“. Die Rede ist von der schönsten Barockkirche am Bodensee, die nach der Säkularisation als Lagerschuppen für landwirtschaftliche Geräte genutzt wurde. Die Damen in ihrer Begleitung, Rosine und Anna von Wintgen, überlegten tatsächlich, die Birnau als Sommersitz zu erwerben…

Seit 1919 gehört die um die Mitte des 18. Jahrhunderts auf älteren Mauern erbaute Wallfahrtskirche St. Maria wieder den Zisterziensern und lohnt einen Besuch, wegen der wunderbaren Lage und der üppigsten Rokoko-Ausgestaltung durch Josef Anton Feuchtmayer: Der allenthalben auf Postkarten abgebildete „Honigschlecker“ ist einer von vielen Putten und Engeln. Das zugehörige, unterhalb der Birnau am Wasser gelegene Kloster Maurach – heute ist es im Besitz der Landeskreditbank Karlsruhe und wird für Seminare und Konferenzen genutzt –, beherbergte ursprünglich zum

Kloster Salem gehörige Wirtschaftsgebäude. Daher rührt noch die Bezeichnung des sechs Kilometer langen Wanderwegs von der Birnau, vorbei an Oberhof und Affenberg, nach Salem als „Prälatenweg“.

Am 20. November 1841 besuchte Annette von Droste-Hülshoff das ehemalige Zisterzienser-Kloster Salem (beim Dorf Salmansweiler gelegen), hat sich aber nicht dazu geäußert. Möglicherweise hat sie es gar nicht näher in Augenschein genommen, denn es diente seit 1804 den Großherzögen von Baden als Sommerresidenz. Heute ist Salem bekannt wegen des 1929 gegründeten Elite-Internats und als – sich wohl doch nicht so gut rechnendes – Erlebnisunternehmen, in dem das Münster und mehrere Museen ebenso ihren Platz haben wie Kunsthandwerk, Gastronomie und ein gigantischer Pavillon zum Verkauf von Merchandising-Produkten.

Das Salemer Tal wird von Berg und Schloß Heiligenberg imposant dominiert, hier hat man auf einer Höhe von 780 Metern einen weiten Blick über das Linzgau zum etwa 20 Kilometer entfernten Bodensee. Schon im 13. Jahrhundert errichtete hier Graf Berthold eine Burg. 1535 belehnte Kaiser Karl V. mit dieser Landgrafschaft das Haus Fürstenberg, das die Anlage durch einen großzügigen Neubau im Renaissancestil erweitern ließen. Da es nie zerstört und nur wenig umgebaut wurde, ist es eines der wenigen erhaltenen Schlösser aus dem 16. Jahrhundert und zumal der Festsaal mit seiner geschnitzten Kassettendecke ist sehenswert. Als Joseph von Laßberg 1792 als Fürstlich Fürstenbergischer Oberforstmeister nach Heiligenberg versetzt wurde, war das Schloß am Verfallen, und man kann ohne weiteres sagen, daß er es gerettet hat, denn er erkannte den Wert und die Erhaltenswürdigkeit des Baus. 1805 nahm Fürstin Elisabeth mit ihrem noch unmündigen Sohn Karl Egon ihren Wohnsitz in Heiligenberg, renovierte Räume und Gartenanlagen und lebte hier – wenn sie nicht bei Laßberg in Eppishausen weilte – bis zu ihrem Tod 1822.

In einem Brief an Levin Schücking beschreibt Annette von Droste-Hülshoff einen Besuch in Heiligenberg im April 1842, der sie keineswegs beeindruckte:

Laßberg hat mich nach Heiligenberg geführt, – eine kalte schlechte Parthie! – überall nichts Merkwürdiges dort zu sehn – das Schloß recht schön aber gewöhnlich die Anlagen unbedeutend, – Regenwetter – die Aussicht völlig bewölkt – in den leeren Sälen eine wahre Kellerluft, und obendrein musste ich den ganzen Tag die Kinder hüten, weil Jenny zu Hause geblieben war. – Laßberg dagegen war höchst bewegt, was mich halb stieß halb rührte. – er führte mich durch alle APPARTEMENTS, die seine Fürstinn nach einander bewohnt, zog alle Schiebladen los die sie gebraucht, und berührte, ich möchte sagen, liebkoßte Alles, was er als ihr früheres Eigenthum erkannte. – endlich, in einem kleinen Kabinette, fragte ich ihn, „wo ist die Fürstinn Elisabeth gestorben?" (ich meinte es sey in Italien gewesen) da sah er mich starr an, legte die Hand in eine kleine Mauernische neben uns, sagte „hier! hier lag ihr Kopf!" und hinkte fort so schnell er konnte. – später zeigte er mir ein hübsches freundliches Haus, mit einer breiten Linde davor: „dort habe ich vierzehn Jahre lang mit meiner Frau gewohnt, – die oberen Fenster dort waren unser Wohn- und Schlafzimmer – unter dem Baume haben meine vier Jungens den ganzen Tag gespielt" – es war sonderbar, daß ihn diese Erinnerung äußerst friedlich und wohlthuend zu berühren schien.

Laßbergs Treue zu seiner vor mehr als zwei Jahrzehnten gestorbenen geliebten Fürstin Elisabeth – die die Schwester seiner dritten Frau Jenny verständlicherweise irritierte – dokumentierte sich auch darin, daß er alljährlich an ihrem Todestag zum Grab in der Heiligenberger Gruft pilgerte.

Derselbe Brief an Levin Schücking vom 5. Mai 1842 enthält gleich im Anschluß die oft zitierte enthusiastische Schilderung eines Ausflugs nach Langenargen:

Einige Tage später fuhren wir über Friedrichshafen nach Langenargen, 8 Stunden von Meersburg – dieses Mahl Jenny mit – wie habe ich da an dich gedacht, altes Herz, wie hundertmahl habe ich dich hergewünscht! – da hättest du erst erfahren was ein ächt romantischer Punkt am Bodensee ist! – Von so etwas habe ich durch hier noch gar nicht mahl eine Idee erhalten. – denk dir den See wenigstens drey-

mahl so breit wie bey Meersburg – ein ordentliches Meer – so breit daß selbst ein scharfes Auge (Laßberg z. B) von jenseits nichts erkennen kann als die Alpen, die nach ihrer ganzen Länge, sogar die Jungfrau mit, in einer durchaus neuen und PITTORESQUEN Gruppirung wie aus dem Spiegel auftauchen. du sitzest auf dem sehr schönen Balkone eines stattlichen Hauses, (früher Kloster jetzt Gasthof) hinter dir die Flügelthüren des ehmahligen REFECTORIUMS geöffnet, was seiner ganzen Länge nach mit den lebensgroßen Bildern der alten Grafen von Montfort, in schweren goldenen Rahmen, wie getäfelt ist. – unter dir, über ein Stückchen flachen Strandes weg, die endlose Wasserfläche, wo du 10 – 12 Kähne und Fahrzeuge zugleich segeln siehst (denn hier ist die Fahrt anders belebt wie bey Meersburg!) links der sehr reiche und städtisch elegante Marktflecken, – tief im See ein Badehaus, zu dem ein äußerst zierlicher schmaler Steg führt, der sich im Wasser spiegelt, und gleich dahinter ein Seebusen, voll Segel und Masten, ganz wie ein Hafen, aber ohne das unangenehme Gemäuer – und endlich rechts, nicht 200 Schritte vom Gasthofe, der Hauptpunkt, die herrliche Ruine Montfort, (auf einer Landzunge) die schönste die ich je gesehn habe, mit drey Thoren, zackigten Zinnen, und einer dreyfachen Reihe durch ihre Höhe und Tiefe ordentlich IMPONIRENDER Fensternischen, in denen die herrlichste STUCATURarbeit dem Winde und Regen noch zum Theil widerstanden hat, und man sie so mit einem Mahle, über die Nischen streifend, wie eine GRANDIOSE Stickerey übersehn kann. – die Ruine ist als solche noch nicht alt (obwohl sonst ein sehr altes Gebäude) vor 50 Jahren wohnte noch ein Schaffner darin, dann ward das Schloß zum Abbruch verkauft und nachdem das Dach und die innern Mauern niedergerissen waren, kam ein Befehl von Stuttgart, (es ist würtembergische DOMAINE) damit inne zu halten. – seitdem steht es nun in seiner verfallenden Pracht, und läßt sich nach und nach von den Wellen unterminiren, die schon viele Fuß tief in die Mauern gewühlt haben, und wenn man drinnen ist, wie unterirrdisch brausen, weshalb auch ein Anschlag vor dem Hineingehn als gefährlich warnt. (man thuts aber doch) – jetzt hat sich ein armer Blumenhändler mit Frau und Kind dort angesiedelt, – in der nothdürftig hergestellten Pförtnerstube unter dem Thorgewölbe hockt die Familie zusammen, auf den Mauern und Basteyen, – wo nur ein Fleckchen Erde ist – steht alles voll Blumen in Beeten und Töpfen – aus einem der Kellerlöcher meckert eine Ziege, und ein halbes Dutzend weißer Kaninchen schlüpft zu den untern Fensternischen aus und ein. – Du kannst dir das Mahlerische des Ganzen nicht denken! – es ist so romantisch, daß man es in einem Romane nicht brauchen könnte, weil es gar zu romanhaft klänge, und ein fremder Kaufmann, den wir gestern beym Figel trafen, und der grades Weges aus dem südlichen Frankreich, durch Italien, und in letzter Station von Langenargen kam, war ganz entüzckt davon, und sagte „er könne es nur den schönsten Aussichten bey Genua und Neapel vergleichen". – auch ich kann dir nicht sagen wie klein und armselig mir seitdem die hiesige Landschaft vorkömmt – Wenn du mit deinen Zöglingen übers Jahr kömmst, versäume ja Langenargen nicht – Laßberg meint, in höchstens ein paar Jahren werde die Unterminirung vollendet seyn, und an einem schönen Tage die ganze Ruine zusammenprasseln. –

Entgegen der Vermutung fiel die Ruine der aus dem 13. Jahrhundert stammenden Burg Argen nicht von selbst zusammen, König Wilhelm I. von Württemberg ließ sie nach einem halben Jahrhundert romantischer Präsenz 1861 abreißen und auf der Landzunge ein Schloß im sizilianisch-maurischen Stil errichten – das war gerade Mode, man denke nur an die vergleichbaren Gebäude der Stuttgarter „Wilhelma". Vollendet wurde der Bau 1866 unter dem Thronfolger Karl I., der ihn als Verbeugung vor den jahrhundertelangen Bewohnern Schloß Montfort nannte. In den beiden letzten Jahrzehnten des 19. Jahrhunderts residierte hier Louise von

Preußen, die Nichte Kaiser Wilhelms I., mit Hofstaat, heute gehört es der Stadt und wird als Café mit Festsaal und Tagungsgebäude genutzt.
Übrigens hat Gustav Schwab schon einige Jahre vor der Droste in seinem *Bodenseebuch* (1827) den „köstlichen Standpunkt" gerühmt. Er genoß die Aussicht, die sonst erstaunlich wenig literarische Weihen fand, „mit großer Bequemlichkeit von dem hinteren Saale des Gasthauses zum Schiff". Und ganz anders als Annette von Droste-Hülshoff, für die Langenargen das non plus ultra einer romantischen Ansicht ist, beschreibt Fritz Mühlenweg ein rundes Jahrhundert später in einem kleinen Gedicht die Qual der Wahl für den Reisenden: „Soll ich Langenargen oder Meersburg wählen?", woraufhin ihm der Kapitän des Bodenseedampfers rät: „Sieh dir alles an, doch weile überall. Die Fehler liegen in der Eile."

Auf der Seepromenade läßt es sich trefflich weilen und stundenlang über die endlose Wasserfläche träumen. Wem das zu langweilig ist, der lese Martin Walsers Roman *Das Einhorn* (1966), der in dieser Gegend des Bodensees spielt.

Die Fahrt von Langenargen zurück nach Meersburg führt durch Friedrichshafen nach Immenstaad. Kurz vor dem Ortsanfang, direkt am See beim östlichen Jachthafen, liegt als Freizeitzentrum und Brauerei-Restaurant Schloß Helmsdorf, das Joseph von Laßberg vier Jahre lang besaß (1798–1802). Mit dem Erwerb dieses Ritterguts aus dem 13. Jahrhundert hatte er Urkunden und Akten übernommen, durch die er auf den mittelalterlichen Sänger Konrad von Helmsdorf stieß, eben jenen

Geistlichen und Verfasser der umfangreichen Schrift vom „Spiegel des menschlichen Heils“, der uns bereits in Eppishausen begegnete. Diese Spur führte Laßberg zu seinem Schloß im Thurgau.

Gleich am westlichen Ende von Immenstaad – womit nicht gesagt sei, daß das Städtchen nicht einen Bummel lohnte – fällt der Blick auf ein, inmitten von Weinbergen auf dem Hügel gelegenes, leuchtend weißes Gebäude mit grünen Läden und Treppengiebeln vor dem roten Dach: Schloß Hersberg. Diese Ansicht mit dem charakteristischen Aussichtstürmchen existiert seit 1550, als Hans Rudolf von Hersperg seinen Wohnsitz als vierflügeliges Schloß neu errichtete. Einige Jahrzehnte später wurde es an die Benediktinerabtei Ochsenhausen verkauft, nach der Säkularisation fiel es an den österreichischen Staatskanzler Fürst Metternich. 1838 kaufte Fürst Konstantin Salm-Reifferscheidt-Krautheim-Gerlachsheim das Anwesen für 48 000 Gulden – fast fünfmal soviel, wie Laßberg im selben Jahr für die Alte Meersburg bezahlte. Der neue Besitzer ließ das Gebäude, zumal die Schloßkapelle (deren altes Altarbild er in die Kirche von Kippenhausen gab), restaurieren, Gärten und Park verschönern. Die Droste kannte den Fürsten Salm gut, „er ist der Stiefenkel der Fürstin Galitzin, wohnte vor circa 25 Jahren in Münster, und hieß damals Prinz Lachs. Von seinen Studien hat er nicht sonderlich profitirt, Laßberg weiß nicht recht was mit ihm reden, und läßt deshalb das nachbarliche Verhältniß ein wenig einduseln, Jenny mag ihn aber wohl, als eine freundliche dienstbereite Seele, – seine Frau, eine geborne Hohenlohe, ist sehr nett“. Dies schreibt sie in einem Brief an Elise Rüdiger im November 1843 und fügt zwei Monate später hinzu: „Die Fürstin Salm war kürzlich hier. Sie ist wirklich eine höchst liebenswürdige Frau, so sanft, bescheiden, und voll feinen Sinns und Begeisterung für alles Schöne.“ Ihr Äußeres, „nicht hübsch aber angenehm“, erinnert die Droste an Elise Rüdiger (wobei sie eher eilig als galant hinzufügt, wieviel besser und jünger die Briefpartnerin aussehe), sie sei „eine sehr gute und durchaus fein gebildete Frau von 36 Jahren, [...] mahlt sehr hübsch – ließt viel – ist passionirt für Musik", aber sie bleibe aufrichtig gesagt, doch immer ein „Faute de Mieux" [ein Ersatz mangels Besserem]: „Alles liebend und treibend was ich liebe und treibe, aber in so heterogenem Geschmacke, daß ich darüber zu sprechen vermeide". Jenny und Joseph von Laßberg sind gegenüber Charlotte von Salm-Reifferscheidt geborene Prinzessin zu Hohenlohe-Waldenburg-Bartenstein-Jagstberg (1808–1873) – wie ihr beeindruckender ganzer Name lautet – zunächst recht distanziert, finden die Kinder zu unartig, um einen Umgang mit ihren eigenen Töchtern zu dulden, doch allmählich wird der Kontakt enger. Hatte Annette von Droste-Hülshoff im Frühjahr 1844 (an Louise Schücking) noch geschrieben, die Fürstin Salm hätte sie lieber bei sich auf Schloß Hersberg, weil sie „furchtsam im Fahren" sei, aber man wisse ja, wie das ist „mit den schönen Redensarten von ‚ganz ungenirt, ganz für sich soviel man will, seyn' man kömmt doch zu nichts", so wird Charlotte Salm-Reifferscheid im Laufe ihrer allsonntäglichen Besuche doch zur engen Freundin: Die Droste schickt ihr später Gedichte, ein Daguerreotyp und Geschenke. Sogar Laßberg ändert seine Meinung und nimmt sie so sehr „in Affection, als sie ihm früher fatal war – er läßt Alles liegen und stehn wenn sie kömmt". Obwohl die Fürstin Salm in den letzten Monaten zu ihrer Freundin und Vertrauten wird, wahrt die Droste ihr gegenüber eine gewisse Distanz, erst vor ihrem Tod erhält sie als einzige fremde Person Zugang zur „Spiegelei".

1929 verkauften die letzten Nachkommen der Salm-Reifferscheidts das Schloß an den Pallotiner-Orden, der ein Spätberufenen-Seminar einrichtete, danach ein Aufbaugymnasium und schließlich 1994 ein Geistliches Haus für Bildung, Begegnung und Erholung. Im Frühsommer 1997 hat das Bildungswerk Schloß Hersberg im Rahmen eines Festaktes einem der schönsten Zimmer den Namen der Droste gegeben – ihr, die zwar oft hier weilte, aber nie über das Schloß geschrieben hat.

Auch über das einen Kilometer westlich direkt an der Bundesstraße 31 nach Meersburg gelegene Schloß Kirchberg hat die Droste sich nicht geäußert. Schon seit dem 13. Jahrhundert als Wirtschaftshof des Zisterzienserklosters Salem bedeutend im Weinbau, später Sommerresidenz der Äbte, war es nach der Säkularisation Weingut und Schloßgaststätte der Markgrafen von Baden. „Einer der zierlichsten Edelsitze am See", schwärmten Reiseschriftsteller im 19. Jahrhundert, denen die heutigen Touristen zustimmen: hier konnte man bis zum Beginn der Umbaumaßnahmen zu einer exklusiven Wohnanlage sommers in einem wunderschönen Biergarten unter Kastanien und Platanen sitzen, den Blick über den See genießen, dazu Seelen und Würstchen zum Wein. Im Dezember 1841, als die Droste hierher lief oder fuhr, wird sie höchstens die Aussicht erlebt haben…

Auch wenn die meisten Ausflüge dem Zweck eines Besuches bei Verwandten oder Bekannten dienten, unternahm die Droste mit ihrer Familie und den Freunden regelrechte Landpartien. Deren Ziel waren, wie wir gesehen haben, Kirchen und Wallfahrtsorte, Aussichtspunkte und Wirtshäuser, in denen man auf einen Kaffee oder Wein einkehren konnte. Zwar schrieb Joseph von Laßberg 1855 an seinen Sohn Hermann von Liebenau: „Der Bodensee fangt an besucht zu werden und ist schon mode geworden", doch von einem modernen Tourismus konnte natürlich noch längst keine Rede sein. Wir wissen leider nicht, ob die Droste sich in Briefen jemals detailliert über die Dampferfahrten auf dem Bodensee nach Konstanz und zur Mainau geäußert hat – erhalten sind jedenfalls keinerlei Zitate darüber.

Als eine Sehenswürdigkeit (von der ja schon Goethe einige Jahrzehnte zuvor geschwärmt hatte) wollte sie den Wasserfall bei Schaffhausen erleben, was etwas anders als erhofft auf der Rückreise von Meersburg nach Münster am 29. Juli 1842 geschah:

Wir fuhren ab, und ohne besondere Vorfälle bis Schaffhausen, wo wir bei ziemlich guter Zeit ankamen, und uns gleich auf den Weg zum Rheinfalle machten, ich wollte einen Führer nehmen, die sparsame Rosine meinte aber, wenn wir nur dem Laufe des Rheins folgten, könnte uns der Fall nicht entgehen so kam es, daß wir wenigstens eine Stunde voran trabten, ehe wir Laufen zu sehen bekamen, und gegen das Ende des Weges von einem so furchtbarem Gewitter überfallen wurden daß uns nach einigen Minuten das Wasser zu den Schuhen hinaus lief, (von oben her waren wir ziemlich durch Schirme geschützt) wir flüchteten in das erste Haus von Laufen – das Gewitter hörte auf, aber der Himmel bezog sich zu einem Abendregen, – nun ging die Noth an, daß Rosine nicht mobil zu machen war, obwohl man genug sehen konnte, daß der Regen nicht aufhören würde, und die Sonne schon zum Untergange stand, – sie wollte weder los, noch viel weniger nach einem Wagen schicken, sondern immer warten, – warten – endlich brachen Anna und ich auf, sie mußte nothgedrungen mit, und war nachher denn doch sehr glücklich den Fall gesehen zu haben, der auch wirklich dieses Mal SUPERBE war und ganze Fuder Schaum über sich warf, zuletzt kam noch eine prächtige Beleuchtung durch einige Sonnenstrahlen die so eigen schräg durch die dunklen Wolken her einfielen, und ich nehme jetzt alle meine früheren Verläumdungen gegen ihn zurück, – es war ein Glück daß wir Rosine losgeschüttelt hatten, denn die letzte Hälfte des Rückwegs war es doch fast stockfinster und der Pfad wie eine Straßenrinne (VULGO GAUSCHKE) – im Gasthof tauchte ein neues MALHEUR auf, – wir konnten nicht zu unsern Kleidern kommen, weil Alles PLOMBIRT und schwere Strafen darauf stand die PLOMBE vor der Schweizergränze abzunehmen, Du kannst Dir Rosinens klägliches Gesicht nicht denken! – sie resolvirte sich endlich ihre Fußbekleidung von der Wirthin zu borgen – eine Maaßregel, die mir hinsichtlich der Schuhe schrecklich war, und der ich mich deshalb durch schnellen Einkauf von ein Paar Schuh und Strümpfe entzogen hatte, und längst in trocknen Fuß, als die Andern noch immer mit der Wirthin PARLAMENTIRTEN. Am anderen Morgen setzten wir uns auf die Schnellpost und fuhren nur immer fort – fort – fort den Tag die Nacht und den fol-

genden Morgen bis Stuttgart. – den ersten Tag (Samstag) hielten wir in STOCKACH Mittag, wo ich Herrn Flink und den Direktor Napholz traf die von Baden-Baden heimkehrten, – der alte Herr hatte sich doch sehr erholt und ich freute mich ihn noch mal zu sehen, Sonntag Morgen um halb fünf waren wir in Tübingen, hier wurde uns beim Umspannen ein Billet in den Wagen gereicht vom (protestantischen) Pfarrer REUCHLIN einem Freunde Laßbergs früher unser Nachbar in Friedrichshafen und jetzt seit einigen Wochen als Pfarrer nah bei Tübingen versetzt, einem sehr gelehrten Herrn von dem ein historisches Werk, PORT ROYAL, betitelt jetzt großes Aufsehen macht. – In dem Billette stand, „Da er sich die Freude nicht versagen könne mir Lebewohl zu sagen, so würden wir ihn am nächsten Berge finden" – Daß war ein PLAISIR für Rosine! die durch Laßberg, der ihn sehr lieb hat, schon so viel Rühmliches von ihm gehört hatte, – sie hielt immer den Kopf zum Wagen hinaus, daß ihr der Regen in den Nacken lief – richtig! da stand er den Regenschirm über dem Kopfe, stieg ein und fuhr wohl eine Stunde weit mit, von wo er dann eiligst auf einem Richtwege seinem Dorfe zu trabte, und die Wintgens in EXCLAMATIONEN über sein bescheidenes Wesen und seine geistreiche Unterhaltung zurück ließ. – in Stuttgart kamen wir um zehn an, wo uns Albert Schott, den die Wintgens zu Meersburg hatten kennen gelernt, am Wagen empfing und uns sagte daß seine Frau das Essen für uns bereits über dem Feuer habe; ferner der Professor Steele uns um drei auf dem Museum erwarte, – das war mehr Ehre als Vergnügen denn wir waren todtmüde, und mußten die folgende Nacht wieder durchfahren – es ging aber nicht anders Schott war zu wenig reich und seine Haushaltung zu klein, als daß wir ihn hätten mit seinen Anstalten dürfen sitzen lassen, – zuerst ging es also in die Kirche, dann ich vorerst allein zu Schotts – auf der Thürschwelle saßen zwei allerliebste, kleine Mädchen, wovon das Eine gerade ganz betrübt zum Andern sagte „die fremde Frau kömmt gar nicht und wir müssen hier immer sitzen" wie lustig sprangen sie voran, als sie hörten daß ich die fremde Frau wäre. – der Mittag war angenehm – das DINEÉ gar nicht überladen sondern ganz häuslich, Schotts Frau überaus angenehm und hat mich an meine liebe Male erinnert – kein Fremder da außer einem Freund Laßbergs, Gustav Pfeifer – nach Tisch besahen wir das Museum – dann Kaffee bei Schotts – dann in die Anlagen und um neun wieder auf die Schnellpost ohne uns ausgeruht zu haben (Es ging eben nicht anders) am anderen Morgen um Elf waren wir in Heidelberg stiegen gleich am EisenbahnBUREAU ab, fuhren mit diesem heulenden Ungeheuer in einer halben Stunde die sechs Stunden nach Mannheim von dort gleich aufs Dampfboot, was uns Abends endlich nach Mainz und dort nach zwei Nächten zuerst wieder in ein Bett brachte. Hier trennte ich mich am anderen Morgen von den Wintgens, die nach Wiesbaden und dort einige Zeit verweilen wollten – wie ich gleich merkte, viel länger, als ich Lust hatte sie in Bonn zu erwarten, da mich außerordentlich nach Rüschhaus verlangte wo ich Dich liebe Herzensmama zu finden glaubte –

Mit dieser amüsanten Schilderung im Brief an die Mutter vom August 1842 haben wir uns vom Bodensee entfernt, und bedauerlicherweise kommt Stuttgart ein bißchen knapp weg. Immerhin erfahren wir, daß Annette von Droste-Hülshoff einen Tag bei Bekannten in der Stadt weilte und das „Museum“ besuchte, die Stuttgarter Lesegesellschaft nämlich, die in der Kanzleistraße/Ecke Rothe Straße ihr imposantes Gebäude besaß. Daneben verdeutlicht das Zitat die Strapazen des Reisens. Zwar war die ursprünglich 200 Stunden dauernde Reise von Münster an den Bodensee durch Dampfschiffe und die Eisenbahn deutlich kürzer geworden, aber weit entfernt von der heutigen Schnelligkeit und Bequemlichkeit mit Zug oder Auto. Um Geld zu sparen, vermied die Droste Übernachtungen – in Tübingen hat sie jedoch einmal, Ende September 1841, im „Lamm“ am Markt genächtigt –, nahm lieber einen normalen (Omnibus) Postwagen als die Extrapost, die als eigene Kutsche mit Postpferden die bequemste und schnellste – weil unabhängig von Abfahrtszeiten und frei von unangenehmen Mitreisenden – aber teuerste Beförderungsart war.

Außerdem reiste sie ja für ihre monatelangen Aufenthalte mit viel Gepäck: Außer den voluminösen (Biedermeier-)Kleidern mußten die Manuskripte ebenso mit wie ein Teil der Sammlungen, Geschenke für die Verwandten und Bekannten; für Schwarzbrot, das es offenbar am Bodensee nicht gab, war dann unter Umständen kein Platz mehr im Koffer.

Mitte September 1846 trat die Droste in krankem Zustand und offenbar vor allem aus dem Wunsch heraus, „bey den Meinigen [zu] sterben“ die Reise nach Meersburg an. Die Berichte, die sie in mehreren Briefen davon gibt, zeigen sie als eine routinierte Reisende und auch wenn sie kokettiert, es sei ein „lederner Reiseroman“, den sie abliefert, so können wir doch nur sehr bedauern, nicht mehr davon zu haben…

Mein liebstes Päulchen!

Ich hätte Dir so gern unmittelbar nach meiner Ankunft geschrieben, aber die Nachwehen der Reise ließen sich doch spüren, wo dann eine Unfähigkeit in gebückter Stellung zu verweilen immer das Erste ist was sich bey mir einstellt. – jetzt bin ich jedoch ziemlich wieder auf dem Strumpf, und kann Euch Lieben, von Denen ich gewiß weiß, daß Ihr meinen Weg in Gedanken mitgemacht, und mit Euern guten Wünschen begleitet habt, nunmehr Rechenschaft von meinem honetten Betragen in der wilden fremden Welt ablegen, so wie Kunde geben von den ungeheuerlichen und abentheuerlichen Gefahren, denen ich um so sicherer entgangen bin, da sie gar nicht den Muth gehabt haben sich zu zeigen. – Es ist kein Dampfkessel zersprungen, weder Land- noch See-räuber haben sich gezeigt, und (MIRABILE DICTU!) Niemand, hat versucht mich zu entführen, was freylich allen Glauben übersteigt! Uebrigens ist mir der lange Weg bey Weitem nicht so sauer geworden als ich befürchtete, und zwar gieng es mit jedem Tage besser. – Auf der ersten TOUR bis Mainz konnten Kopf und Magen sich noch gar nicht mit der Erschütterung des Dampfboots befreunden, mir war mordschlecht zu Muthe; indessen kam mir hier die vortreffliche Einrichtung des Schiffes zu Statten, das, außer dem PAVILLON, noch ein EXTRAzimmer für Damen hat, mit so breiten Kanapees, daß man fast so bequem darauf liegt wie auf Betten; – Auch kann ich die große Zuvorkommenheit des CONDUCTEURS nicht genug loben; Er kam alle 2 – 3 Stunden sich nach meinem Befinden und Wünschen zu erkundigen, gab mir den ausführlichsten Rath für jede Reisestation, und schon jetzt alle Karten / BILLETS, (sogar für die nöthigen OMNIBUS) bis Freyburg, bey der Ankunft in Mainz führte er mich durch das Gedränge zum FIACRE, besorgte meine Effeckten sogleich auf das Dampfboot, das ich am nächsten Morgen besteigen mußte, und emphahl mich sogar dem CONDUCTEUR desselben schriftlich. – kurz, selbiger Jüngling ist die Krone aller CONDUCTEURE die je waren, sind, und seyn werden. – Die Nacht in Mainz war schlecht, ich mußte mich fortwährend übergeben, und fühlte mich so krank, daß wenn ich nicht schon so weit voraus bezahlt gehabt hätte, ich mich unfehlbar wieder würde zu Euch in Abrahams Schooß geflüchtet haben; so aber reute mich doch mein Geld, und ich segelte in Gottes Namen auf Mannheim los, – es wurde mir auch stündlich besser, obwohl der Delphin ein kleines unbequemes Fahrzeug, ohne hinlänglichen Raum, sehr schwach an Erfrischungen, und sein CONDUCTEUR, obgleich immerhin höflich genug, doch nur ein matter Abglanz meines gestrigen Juwels war. – In Mannheim kam ich so früh an, daß ich noch am selben Abende ein Stück Eisenbahn bis Karlsruhe vorweg nehmen, und am nächsten Tage, mit dem ersten Zuge, bereits um elf Uhr Morgens in Freyburg seyn konnte. Beyde mahle verschafften mir die späte jahrszeit und dreißig Kreutzer Trinkgeld einen Waggon ganz für mich allein, wo ich bald liegend, bald in Pascha's- oder Schneider-Majestät thronend, mich wirklich mehr erquickt als angegriffen, und nach mehrstündiger Ruhe in Freyburg so gestärkt fühlte, daß ich noch desselben Nachmittages, um drey Uhr, es wagte den eigentlichen sauern Apfel der ganzen Reise, ich meine die nächtliche Eilwagenfahrt durch das Höllenthal, den Schwarzwald, ET CET, bis Stockach zur Hand zu nehmen. – Das war aber eine Kreuzigung! – grade um Mitternacht auf der höchsten Höhe des Schwarzwaldes – die Luft dort kalt wie im December – ein Wagen nicht viel größer wie eine CHATOUILLE, – höchstens für vier Mann Raum, und acht hinein gepreßt – wir saßen einander fast auf dem Schooße, und wer vor Schläfrigkeit etwas wacklig wurde, sties seinem VIS A VIS an den Kopf; Diesem Umstande habe ich es auch allein zu verdanken daß ich nicht umgefallen bin, denn ich weiß wirklich nicht wohin ich hätte fallen sollen. – Meine Reisegefährten (wahrscheinlich Leute aus der Umgegend) schienen sich indessen schon völlig in die Anforderungen des Wagens hinein gelebt zu haben, sie schliefen Alle, in kerzengrader Stellung, und mir allein blieb das Vergnügen den holden Mond anzuseufzen, und es jedesmahl zu bemerken, wenn die Pferde an einem steilen Hange fast hinten über schlugen, nicht mehr voran konnten, und der Wagen einige male um mehrere Schritte zurück rollte; – Endlich erschien der Tag, – und endlich endlich! um Zehne das ersehnte Stockach, – ein elendes Nest! – das Erste was ich dort hörte, war, daß in jeder Woche ein Tag ausfalle, wo keine Eilpost nach Meersburg gehe, und daß ich grade diesen glücklichen Tag getroffen, somit die schönste Gelegenheit habe, bis zum nächsten Nachmittag die Reitze der Stadt zu bewundern, die in dem beständigen Staubregen (mit dem fast meine ganze Reise gesegnet war) genau aussah wie ein altes Weib, das ein Bettlacken um den Kopf gehängt hat, – Das war mir aber zuviel! so begieng ich denn aus Ungeduld den dummen Streich, nach, kaum halbstündiger Ruhe wieder los zu fahren, – in dem besten Lohnfuhrwerke der Stadt. – wie nenne ich es? – CABRIOLET ist nicht passend – CARRIÖLCHEN!! – einspännig – ohne Verdeck – den Kutscher neben mir, denn von einem Bocke war keine Rede. – so bin ich, Abends sechs Uhr, in Meersburg herein triumphirt; – d. h. nicht ganz herein, sondern bis zu einem Wirthshause vor dem Thore, um keine Irrungen zu veranlassen, da der Grosherzog von Baden ebenfalls am selben Abende durchpassiren sollte. – Der Empfang im Schlosse war äußerst herzlich.

(An Pauline von Droste-Hülshoff im Oktober 1846)

„Sieh die Lieder durften leben, aber ich entschwand!“

Ein Besuch auf dem Meersburger Friedhof

9.

Der Meersburger Friedhof liegt außerhalb der Oberstadt an der Mesmerstraße, man kann ihn im Süden von der Sonnhalde, im Norden von der Kronenstraße betreten. Dort steht außerhalb der Mauer die Marienkapelle, die zwar heute Friedhofskapelle heißt, ursprünglich aber eine Siechenkapelle war: Hier gab es ein Leprosorium, ein Krankenhaus für Leprakranke und Aussätzige, wovon noch die Wandmalereien mit der Passionsgeschichte und der nahegelegene Siechenweiher zeugen. Die Kapelle mit drei sehenswerten Altären stammt aus dem frühen 16. Jahrhundert, der städtische Friedhof wurde erst 1682 von seinem ursprünglichen Platz neben der Stadtkirche hierher verlegt.

Wir betreten ihn durch das nördliche Tor und stehen in unmittelbarer Nähe des Droste-Grabes. An der Mauer zwischen den Gräbern der Meersburger Pfarrer, der Freundin Amalie Hassenpflug links, denen der Zwillinge Hildegard und Hildegunde rechts, gegenüber die jetzt um ein Stück versetzten Gräber der Familie

Bothmer, alles dominiert von Laßbergs Mausoleum an der Spitze des Dreiecks, liegt Annette von Droste-Hülshoffs Grab eingezwängt – genau wie sie im Leben mühsam ihren Platz zwischen den Erwartungen der Verwandten und Bekannten behaupten mußte. Der schöne Grabstein mit dem Hülshoffschen Familienwappen, ein Fisch mit Flügeln, ist gleichfalls ein Symbol für Freiheitssehnsucht und Gefangensein in der adligen Herkunft. Irgend jemand brachte eine die Dichterin identifizierende Inschrift und eine Tafel mit ihren „Letzten Worten“ an. Die kleine erst vor einigen Jahren von dem Kressbronner Künstler Berthold Müller-Oerlinghausen gefertigte Bronzebüste zeigt ein ungewöhnliches Bild der Droste; zumindest im Profil hat sie etwas Schalkhaftes wie ein Eulenspiegel…

Geliebte, wenn mein Geist geschieden

Geliebte, wenn mein Geist geschieden,
So weint mir keine Thräne nach,
Denn, wo ich weile, dort ist Frieden,
Dort leuchtet mir ein ew'ger Tag.

Wo aller Erdengram verschwunden,
Soll Euer Bild mir nicht vergehn,
Und Linderung für Eure Wunden,
Für Euren Schmerz will ich erflehn.

Weht nächtlich seine Seraphsflügel
Der Friede über's Weltenreich,
So denkt nicht mehr an meinen Hügel,
Denn von den Sternen grüß ich Euch!

Peter Hamm
– Meersburg, Drostegrab –

Ihr Mergelsteine mitgewonnen,
Moränen mitzerronnen, »all die Schätze,
im Schutt verwühlt« –

Und daß ich mit der Toten lebendig bin
und mit den Lebenden tot –

Algengespräche. Seemusik.

Bevor wir zu den Gräbern von Fritz und Hedwig Mauthner und dem auffälligen Grabmal Franz Anton Mesmers, einem dreieckigen Marmorblock mit Magnetnadel und rätselhaften Schriftzeichen, weitergehen, verweilen wir noch ein wenig unter einem der großen Bäume auf einer Bank. Hier ist Gelegenheit, kurz an das Nachleben der Dichterin zu erinnern.

Schon in den zwanziger Jahren fand um den Todestag am 24. Mai im Seminar eine Droste-Feier statt. Vielleicht ist es dieselbe gewesen, von der Harriet Straub schrieb:

Sie ist uns lieb, die Droste. Und wir wollten gern mitfeiern helfen bei der Droste-Tagung. Aber es wächst dieses Jahr ein schlechter Wein in Meersburg. Viel Trauben, aber recht sauer ist das Gewächs.
Es steht in jeder Literaturgeschichte: die Droste ist eine katholische Dichterin. Gut und schön, und die Tatsache wirft sogar einen verklärenden Schein auf die katholische Kirche. Aber wußte man auch vor dieser Tagung, daß die Droste die große Dichterin ist, weil sie katholisch war? Und weil sie so fromm und so brav und ohne „entwürdigende Leidenschaften" ihr stilles Leben lebte?
Wir haben immer, wenn wir ihre Briefe, ihre merkwürdig leidenschaftlich-lebendigen Briefe lasen, leise gedacht: wie groß muß ihre innere Kraft gewesen sein, daß sie trotz alledem so machtvoll gestalten konnte.

1948 inszenierte Otto Ehinger in Verbindung mit der Feier zum 100. Todestag der Dichterin die erste Verleihung des „Annette von Droste-Hülshoff-Gedenkpreises", der damals an Gertrud von Le Fort und Reinhold Schneider ging. „Ich plante ein Fest", erinnerte er sich, „das weithin leuchten sollte". Und wirklich gab der Gouverneur von Überlingen sogar die Erlaubnis, das Neue Schloß für die Feier zu nutzen, die Professoren Benno von Wiese und Emil Staiger hielten Festansprachen und Clemens Heselhaus einen Dia-Vortrag, Felicitas Barg rezitierte aus dem Werk der Droste, verschiedene Orchester spielten klassische Musikstücke, die Münsteraner Droste-Gesellschaft hielt ihre Tagung und gründete die Ortsvereinigung Bodensee, man besuchte die Alte Burg und das Fürstenhäusle, unternahm eine Dampferfahrt auf dem Überlinger See, kurz: es wurde wirklich ein Fest und alsbald zur jährlichen Tradition.

Der 1950 gegründete Internationale-Bodensee-Club (IBC) veranstaltet seit 1951 in Meersburg jährliche Dichterinnen-Treffen zu Ehren der Droste, an denen unter anderen Ilse Aichinger, Elisabeth Borchers, Christine Busta und Erika Burkart teilnahmen; letztere erhielt 1957 den im Jahr zuvor von Helen Freifrau von Bothmer gegründeten Meersburger Droste-Preis. 1963 wurde er von der Stadt übernommen und wird seither alle drei Jahre an eine lebende Dichterin deutscher Sprache verliehen, immer im Mai im Rahmen der von Stadt und IBC ausgerichteten Droste-Tage.

Nelly Sachs, die 1960 ausgezeichnet wurde, war ganz überwältigt von der beflaggten Stadt, dem Publikum, der „Umarmung der Liebe“ – eigentlich hatte sie als Jüdin, die 1940 vor den Nationalsozialisten ins schwedische Exil fliehen mußte, Deutschland nie mehr betreten wollen. Und Rose Ausländer, im Dritten Reich ebenfalls zur Emigration gezwungen, hat als Preisträgerin des Jahres 1967 der Droste ein Gedicht gewidmet:

Rose Ausländer
– Droste I –

Gedenk der Locken
blond war ihr Haar
über gewölbter Stirn

Unter hoher Himmelsstirnwölbung
sang sie
innere Lorelei
keinem Schiffer
sich selber
und dir der damals noch schlief
und dir der heute noch schläft
sang sie

Erwachst du
wirst du sie hören
im Turm
wenn die Raben flattern
wirst sie hören
im Nebel
wenn die Rebe blond wird
wirr ihr Haar
unter dem Stein
die Forelle tanzt (laß sie leben)

Regen und Wind
um den Turm
der Regenbogen wächst
in seine sieben Strophen
klirrende Strophen
steingehaun
vom Turm ins Land geschleudert
(traf dich kein Stein)

Vergiß die Forelle
im Wasserkristall
den Weinberg über dem See

Vergiß nicht
Blond war ihr Haar
dunkler Diamant
unter gewölbter Stirn

Verse
ein Lasso aus klingenden Steinen
von ihrem Atem
ums Land geschlagen
um dich der noch schlief

Schläfst du
traf dich kein Stein

Das letzte Wort gebührt Annette von Droste-Hülshoff, die sich (in „Silvesterabend“) zweifelnd fragen konnte:

Wer wird denn meiner gedenken,
Wenn ich gestorben bin?
Wohl wird man Tränen mir weihen,
Doch diese sind bald dahin;
Wohl wird man Lieder mir singen,
Doch diese verweht die Zeit;
Vielleicht einen Stein mir setzen,
Den bald der Winter verschneit.

In einem Brief äußerte sie den Wunsch: „aber in hundert Jahren möchte ich gelesen werden“ und im „Geistlichen Jahr“ die Gewißheit:

Meine Lieder werden leben,
Wenn ich längst entschwand:
Mancher wird vor ihnen beben,
Der gleich mir empfand.
Ob ein andrer sie gegeben
Oder meine Hand:
Sieh, die Lieder durften leben,
Aber ich entschwand!

Alle Gedichte und Briefe sind zitiert nach: Annette von Droste-Hülshoff, *Historisch-kritische Ausgabe. Werke und Briefwechsel.* Hrsg. von Winfried Woesler. Max Niemeyer Verlag, Tübingen 1978 ff. – Die *Sämtlichen Briefe* der HKA liegen seitenidentisch als Taschenbuch bei DTV 2416 vor, die Gedichte der Droste in vielen verschiedenen lieferbaren Ausgaben. – Genauere Angaben zu den Briefen werden hier nicht gemacht, weil sie durch Adressaten und Daten leicht auffindbar sind.

S. 13 Zur Biographie: Ulrich Gaier, *Annette von Droste-Hülshoff und ihre literarische Welt am Bodensee.* Marbacher Magazin 66. Deutsche Schillergesellschaft, Marbach a.N. 1993. – Walter Gödden, *Tag für Tag im Leben der Annette von Droste-Hülshoff.* Daten, Texte, Dokumente. Schöningh Verlag, Paderborn 1996. – Wilhelm Gössmann, *Heine und die Droste. Eine literarische Zeitgenossenschaft.* Grupello Verlag, Düsseldorf 1996. – Herbert Kraft, *Annette von Droste-Hülshoff.* Rowohlt Taschenbuch rm 517. Reinbek bei Hamburg 1994. – Inzwischen gibt es lesenswerte Neuerscheinungen: Barbara Beuys, *„Blamieren mag ich mich nicht". Das Leben der Annette von Droste-Hülshoff.* C. Hanser Verlag, München, Wien 1999, und Monika Ditz / Doris Maurer, *Annette von Droste-Hülshoff und ihre Freundinnen.* Turm-Verlag, Meersburg 2006.

S. 23 Zur Alpenerfahrung vgl. *Garten und Wildnis. Landschaft im 18. Jahrhundert.* Hrsg. von Hansjörg und Ulf Küster. Verlag C.H. Beck, München 1997. – Zum Verhältnis der Droste zur Schweiz verdanke ich Wilderich von Droste-Hülshoff wertvolle Hinweise.

S. 28 Die Darstellung folgt den „Thurgauischen Beiträgen zur vaterländischen Geschichte, Frauenfeld 1861", die die Eppishausener Schwesternschaft mir freundlicherweise zur Verfügung stellte.

S. 29 Zu Laßberg: Ulrich Gaier und Helmut Weidhase, *Imaginierte Lebensformen des Mittelalters. Joseph Freiherr von Laßberg.* Marbacher Magazin 82. Deutsche Schillergesellschaft, Marbach a.N. 1998.

S. 40 Zu Hölderlin in Hauptwil und Robert Walser: *Bodensee Reisebuch.* Hrsg. von Dominik Jost. Insel Verlag, Frankfurt a.M. 1993. Zur Geschichte von Schloß Berg: Faltblatt des dortigen Alters- und Pflegeheims.

S. 41 Eine Ausschneidearbeit aus Papier von der Hand der Droste wird häufig als Darstellung von Schloß Berg identifiziert, tatsächlich stellt sie das „Thurnsches Gut" eines Bruders, des Konstanzer Domherrn Johann Paul von Thurn-Valsassina dar, der 1816 auf dem Hinterhauser Ufer in Konstanz einen (vom Schwetzinger Park angeregten) Landschaftsgarten anlegte und ein Lust- und Ruhehaus auf einer künstlichen Insel plazierte. Heute steht in diesem Areal die Villa Douglas. Die Droste weilte zwar mehrmals in Konstanz, aber es ist nicht sehr wahrscheinlich, daß sie den Ort besuchte, denn nach dem Tod des Domherrn 1832 wurde das Gut verkauft und seine Schwester Emilie verwaltete es nur kurzzeitig. Allerdings existiert eine Bleistiftzeichnung von Emma Gräfin von Thurn und Valsassina, der der Drostesche Scherenschnitt bis in kleinste Details wie die Haltung der menschlichen Figuren, der Enten und Zweige gleicht, so daß diese sicher die Vorlage abgab.

S. 58 Die Geschichte von Schloß Wartensee ist dokumentiert in der Zeitschrift des Schweizerischen Burgenvereins, 2. Jg. Heft 1. Basel 1997.

S. 61 Über Philippa Pearsalls weiteres Leben: Thekla Schneider, *Schloß Meersburg am Bodensee. Annette von Droste-Hülshoffs Dichterheim.* August Linde Verlag, Friedrichshafen 1925. Seite 95 ff.

S. 63 Zur Geschichte und Gegenwart Meersburgs: Steven Roger Fischer, *Meersburg im Mittelalter. Aus der Geschichte einer Bodenseestadt und ihrer nächsten Umgebung.* Verlag List & Francke, Meersburg 1988. – Adolf Kastner, *Meersburg. Gang durch die Geschichte einer alten Stadt.* Selbstverlag der Stadtgemeinde, Meersburg 1949. – Diethard Nowak, *Spaziergänge durch die Meersburger Lande.* Hrsg. vom Verschönerungsverein 182. Meersburg 1997. – Ders., *Eine Führung durch das mittelalterliche Meersburg.* Selbstverlag, Meersburg 1994. – Susanne Satzer-Spree und Nadja Lupke, *Meersburg in alten Ansichten.* Europäische Bibliothek, Zaltbommel / NL 1992. – Franz Xaver Conrad Staiger, *Meersburg am Bodensee, ehemalige fürstbischöfliche konstanzische Residenz-Stadt.* J. Stadler, Konstanz 1861. – Erna Stübel, *Meersburg.* Verlagsanstalt Merk & Co. Konstanz (o.J.).

S. 69 Zum Fremdenverkehr: *Sommerfrische. Die touristische Entdeckung der Bodenseelandschaft.* Hrsg. vom Internationalen Arbeitskreis Bodensee-Ausstellungen. Verlag der Rorschacher Neujahrsblätter, Rorschach 1991.

S. 73 Zur Figur des „Wilden Mann“: Artikelserie von Hermann Bausinger in: „Hie gut Württemberg“. Beilage zur Ludwigsburger Kreiszeitung. 9. 10. / 16. 11. 1954 und 22. 1. 1955. – Zu den „Hundertundeinern“: *Die Gesellschaft der 101 Bürger von Meersburg in Geschichte und Gegenwart.* Aufsätze und Dokumente. Hrsg. Guntram Brummer. Privatdruck, Meersburg 1995.

S. 75 Zur Geschichte des „Bären“: Oberländer Chronik Nr. 100, 1954 und Hausprospekt des Hotel-Gasthof „Zum Bären“.

S. 76 Zur Meersburger Lesegesellschaft fand sich keine schriftliche Quelle, für die mündlichen Informationen danke ich Dr. Martin Welke.

S. 78 Zum Dominikanerinnen-Kloster: *Neues Leben in alten Klostermauern – ein Angebot für Bürger und Gäste.* Hrsg. im Auftrag der Stadt Meersburg (o.J.).

S. 89 Vgl. Ernst Florey, *Ars Magnetica. Franz Anton Mesmer (1734–1815) – Magier vom Bodensee.* Universitätsverlag UVK, Konstanz 1995.

S. 90 *Meersburger Burgunder. Eine vinolente Fuge. Aufgespießt von Munkepunke* (d.i. Alfred Richard Meyer). Ernst-Engel-Presse Walter Stähle, Stuttgart/ Meersburg 1985.

S. 97 Die Anthologie: *Mir ist er gar ein trauter Freund. Die Droste und ihr See.* Hrsg. von Monika Taubitz. Ernst-Engel Presse Walter Stähle, Meersburg 1997.

S. 99 Zu E. R. Weiß, F. Wolf, J. R. Becher und M. Andersen Nexö: Manfred Bosch, *Bohème am Bodensee. Literarisches Leben am See von 1900 bis 1950.* Libelle Verlag, Lengwil a.B. 1997.

S. 104 Levin Schücking, *Annette von Droste.* Ein Lebensbild. K.F. Koehler Verlag, Stuttgart 1983. Seite 84 ff. – Walter Gödden, *Annette von Droste-Hülshoff auf Schloß Meersburg.* Turm-Verlag, Meersburg 1993. – Zur Geschichte der Alten Burg außer den o.g. Büchern über Meersburg: Eberhard Achtermann, „Dagobert, Gründer der Meersburg?" Unveröffentlichtes Manuskript eines Vortrags im Oktober 1996, und Hermann Schmid, „Die Bedeutung des staufischen ‚navigium in loco Voldingen' (1179) und des konstanzisch-klosterwaldischen ‚portus Ovldingen' (1212)". Sonderdruck Freiburger Diözesan-Archiv Band 114. Beides wurde freundlicherweise von den Autoren zur Verfügung gestellt.

S. 107 Zu Joseph von Laßberg: *Marbacher Magazin 82 / 1998.*

S. 110 Levin Schücking, Annette von Droste, S. 92 f.

S. 118 „Kann keine Trauer sein" zitiert nach Gottfried Benn, *Sämtliche Werke. Stuttgarter Ausgabe.* In Verb. mit Ilse Benn hrsg. von Gerhard Schuster. Band 1: Gedichte 1. Klett-Cotta, Stuttgart 1986.

S. 127 Zum Tod: Wilhelm Restle, *Das Meersburger Droste-Büchlein.* Verlag Droste-Museum Fürstenhäusle, Meersburg 1966.

S. 136 Zur Versteigerung dito

S. 141 Zur neueren Geschichte: Monika Taubitz, „Sie rettete das Fürstenhäusle. Zur Erinnerung an Helen Freifrau von Bothmer". In: *Leben am See.* Band 14. Jahrbuch des Bodenseekreises (Hrsg.) und der Stadt Friedrichshafen 1997.

S. 142 Marie Luise Kaschnitz, „Meersburg". © Claassen & Goverts Verlag, Hamburg. Zitiert nach *„Der Droste würde ich gern Wasser reichen". Gedichte über Annette von Droste-Hülshoff.* Hrsg. von Irene Ferchl. Ekkehard Faude Verlag, Konstanz 1987.

S. 147 Zu Emil Strauß: Bosch, *Bohème*, S. 90 ff.

S. 150 Zu Harriet Straub und Fritz Mauthner: Manfred Bosch, *Ins Freie will ich. Harriet Straub / Hedwig Mauthner und das „Glaserhäusle" in Meersburg.* Spuren 33. Deutsche Schillergesellschaft Marbach a.N. 1996, und *Bohème*, S. 212 ff. – Harriet Straub, „Die Droste in Meersburg". In: *Wüstenabenteuer. Frauenleben.* Hrsg. Ludger Lütkehaus. Kore Verlag, Freiburg 1991.

S. 156 Zu H. W. Geißler und F. Mühlenweg: Bosch, *Bohème*, S. 233 ff., 482 ff.

S. 158 Zum Sturmspaziergang: HKA Bd. X,2. Seite 728.

S. 165 Zum sog. Meersburger Nachlaß: HKA Bd. 7. – Zu den Ausflugsorten: *Baedecker Bodensee. Oberschwaben.*Verlag Karl Baedecker, Ostfildern 1995.

S. 167 Zu Heiligenberg: *Marbacher Magazin 82 / 1998.*

S. 168 Zu Langenargen: Doris und Dietrich Schiller, *Bodensee. Literarische Erkundungen rund um das Schwäbische Meer.* Klett-Cotta, Stuttgart 1996.

S. 171 Zu Helmsdorf: *Marbacher Magazin 82 / 1998.* – Zu Hersberg und Kirchberg: *Immenstaad. Geschichte einer Seegemeinde.* Hrsg. von E. Schulz / E. Kuhn / W. Trogus. Stadler Verlagsgesellschaft, Konstanz 1995.

S. 175 Walter Gödden, *Sehnsucht in die Ferne. Annette von Droste-Hülshoffs Reisen durch die Biedermeierzeit.* Droste Verlag, Düsseldorf 1996.

S. 181 Guntram Brummer, „Warum die Friedhofskapelle keine Friedhofskapelle ist. Zur Geschichte und Kunst eines Meersburger Heiligtums". In: „Glaserhäusle". Heft 12, 199l.

S. 183 „Meersburg, Drostegrab" zitiert nach Peter Hamm, *Der Balken.* © Carl Hanser Verlag, München, Wien 1981.

S. 184 Programm zu den Meersburger Droste-Tagen vom 23. bis 26. Mai 1948. – Harriet Straub, „Die Droste in Meersburg“.

S. 185 Droste I. Zitiert nach Rose Ausländer, *Wieder ein Tag aus Glut und Wind. Gedichte 1980–1982.*

Bildnachweise

Altes Schloß Meersburg: S. 117 – Deutsches Literaturarchiv Marbach a. N.: S. 29, 111 – Deutsches Literaturarchiv Marbach a. N. D: Droste-Hülshoff (Depositum Mende): S. 120 – Droste-Museum im Fürstenhäusle Meersburg: S. 18, 112, 130, 149 – Schloß Eppishausen: S. 24 – Privatbesitz Meersburg: S. 69, 86, 100, 116, 164 – Staatsgalerie Stuttgart (Zeichnung von Eberhard Emminger): S. 170 – Westfälisches Amt für Denkmalpflege Münster: S. 15, 16, 19, 21, 44 – Alle anderen Fotografien: Irene Ferchl und r[2] röger & röttenbacher

Alte Schloß / Burg Meersburg
Vincent Naeßl-Doms
Schloßplatz 10
88709 Meersburg
Telefon 07532 / 80 00 0
Fax 07532 / 80 00 88
www.burg-meersburg.de
Geöffnet März bis Oktober
täglich von 9 – 18.30 Uhr,
November bis Februar täglich 10 – 18 Uhr
Spezielle Droste-Führungen für Gruppen nach Vereinbarung

Droste-Museum im Fürstenhäusle
Anna Wrzesinsky
Stettener Straße 11
88709 Meersburg
Telefon 07532 / 6088
www.fuerstenhaeusle.de
E-Mail info@fuerstenhaeusle.de
Geöffnet von April bis Oktober
Dienstag bis Samstag 10 – 12.30 und 14 – 18,
an Sonn- und Feiertagen 14 – 18 Uhr

Kur- und Verkehrsverwaltung Meersburg
Kirchstraße 4
88709 Meersburg
Telefon 07532 / 440-400
Fax 07532 / 440-40 40
E-Mail info@meersburg.de
www.meersburg.de
Führungen auf Droste-Spuren können bei der Gästeinformation für Gruppen gebucht werden

Kulturamt Meersburg
Vorburggasse 13
88709 Meersburg
Telefon 07532 / 440-260
Fax 07532 / 440-264
E-Mail rieger-benkel@meersburg.de

Neues Schloß
88709 Meersburg
Fürstbischöfliches Landesmuseum,
Dornier-Museum und Städtische Galerie
Geöffnet von April bis Oktober täglich 10 – 13 und 14 – 18 Uhr

Stadtmuseum im Dominikanerinnen-Kloster
Kirchstaße 4
88709 Meersburg
Telefon 07532 / 440 48 01
Geöffnet von April bis Oktober Mittwoch, Donnerstag und Samstag 14 – 18 Uhr

Galerie Bodenseekreis im roten Haus
Schloßplatz 13
88709 Meersburg
Telefon 07553 / 916 75 10
Fax 916 75 20
E-Mail kulturamt@kultur-bodenseekreis.de
www.bodenseekreis.de (Kulturamt)
Geöffnet von April bis Oktober Dienstag bis Samstag 13.30 – 17 Uhr, Sonn- und Feiertag 11 – 17 Uhr

Schloß Hersberg
Bildungswerk der Erzdiözese Freiburg
88090 Immenstaad
Telefon 07545 / 911-215
Fax 07545 / 911-218
www.bildungszentrum-schloss-hersberg.de

Schloß Wartensee
Tagungs- und Begegnungszentrum
CH-9404 Rorschacherberg / SG
Telefon 0041-71 / 858 73 73
Fax 858 73 70
E-Mail schloss@wartensee.ch
www.wartensee.ch

Ortsregister

Bernhard Hurm · Uwe Zellmer
's MELCHINGER
BREVIER
Eine Sammlung zum Sinnieren
KLÖPFER&MEYER

Die Deutsche Nationalbibliothek verzeichnet diese Publikation in der Deutschen Nationalbibliographie; detaillierte bibliographische Daten sind im Internet über http://dnb.d-nb.de abrufbar.

ISBN 10: 3-937667-94-6
ISBN 13: 978-3-937667-94-2

Layout: r² röger & röttenbacher,
Büro für Gestaltung, Leonberg.
Umschlaggestaltung: Christiane Hemmerich,
Konzeption und Gestaltung, Tübingen,
nach einem Entwurf von r² röger & röttenbacher,
Büro für Gestaltung, Leonberg.
Druck und Einband: Pustet, Regensburg.

Mehr über das Verlagsprogramm von
Klöpfer & Meyer finden Sie unter:
www.kloepfer-meyer.de

Stockach
Ludwigshafen
Überlingen
Salem
Birnau
Meersburg
Konstanz
Berg
Schloß Berg
Erlen
Schloß Eppishausen
Bischofszell